# 吉林全書

## ——史料編——

⑲

吉林文史出版社

**圖書在版編目（CIP）數據**

吉林地理記要 / (清) 魏聲龢編撰 . -- 長春 : 吉林文史出版社 , 2025. 5. -- ( 吉林全書 ). -- ISBN 978-7-5752-1121-5

Ⅰ . K923.4

中國國家版本館 CIP 數據核字第 2025XG4904 號

JILIN DILI JIYAO

吉林地理記要

編　　撰　［清］魏聲龢

出 版 人　張　强

責任編輯　王　非　靳宇婷

封面設計　溯成設計工作室

出版發行　吉林文史出版社

地　　址　長春市福祉大路5788號

郵　　編　130117

電　　話　0431-81629356

印　　刷　吉林省吉廣國際廣告股份有限公司

印　　張　15

字　　數　150千字

開　　本　787mm×1092mm　1/16

版　　次　2025年5月第1版

印　　次　2025年5月第1次印刷

書　　號　ISBN 978-7-5752-1121-5

定　　價　78.00圓

# 總序

『長白雄東北，嵯峨俯塞州。』吉林省地處中國東北中心區域，是中華民族世代生存融合的重要地域，素有『白山松水』之地的美譽。歷史上，華夏、濊貊、肅慎和東胡族系先民很早就在這片土地上繁衍生息，高句麗、渤海國等中國東北少數民族政權在白山松水間長期存在，以契丹族、女真族、蒙古族、滿族融合漢族在内的多民族形成的遼、金、元、清四個朝代，共同賦予吉林歷史文化悠久獨特的優勢和魅力，決定了吉林文化不可替代的特色與價值，具有緊密呼應中華文化整體而又與衆不同的生命力量，見證了中華民族共同體的融鑄和我國統一多民族國家的形成與發展。

提到吉林，自古多以千里冰封的寒冷氣候爲人所知，一度是中原人士望而生畏的苦寒之地，一派肅殺之氣。再加上吉林文化在自身發展過程中存在着多次斷裂，致使衆多文獻湮没、典籍無徵，一時多少歷史文化精粹『明珠蒙塵』，因此，形成了一種吉林缺少歷史積澱，文化不若中原地區那般繁盛的偏見。實際上，在數千年的漫長歲月中，吉林大地上從未停止過文化創造，自青銅文明起，從先秦到秦漢，再到隋唐直至明清，吉林地區不僅文化上不輸中原地區，還對中華文化産生了深遠的影響，爲後人留下了衆多優秀古籍，涵養着吉林文化的根脉，猶如璀璨星辰，在歷史的浩瀚星空中閃耀着奪目光輝，標注着地方記憶的傳承與中華文明的賡續。我們需要站在新的歷史高度，用另一種眼光去重新審視吉林文化的深邃與廣闊，通過豐富的歷史文獻典籍去閲讀吉林文化的傳奇與輝煌。

吉林歷史文獻典籍之豐富，源自其歷代先民的興衰更替、生生不息。吉林文化是一個博大精深的體系，從左家山文化的『中華第一龍』，到西團山文化的青銅時代遺址，再到二龍湖遺址的燕國邊城，都見證了吉林大地的文明在中國歷史長河中的肆意奔流。早在兩千餘年前，高句麗人的《黄鳥歌》《人參贊》以及《留記》等文史作品就已在吉林誕生，成爲吉林地區文學和歷史作品的早期代表作。高句麗文人之《新集》，渤海國人『疆理雖重海，車書本一家』之詩篇，金代海陵王詩詞中的『一咏一吟，冠絶當時』，再到金代文學的『華實相扶，骨力遒上』，皆凸顯出吉林不遜文教、獨具風雅之本色。

吉林歷史文獻典籍之豐富，源自其地勢四達并流、山水環繞。吉林土地遼闊而肥沃，山河壯美而令人神往，吉林大地可耕可牧、可漁可獵，無門庭之限，亦無山河之隔，進出便捷，四通八達。沈兆禔在《吉林紀事詩》中寫道，『肅慎先徵孔氏書』，印證了東北邊疆與中原交往之久遠。早在夏代，居住於長白山脚下的肅慎族就與中原建立了聯係。一部《吉林通志》，『考四千年之沿革，挈領提綱；綜五千里之方輿，辨方正位』，從時間和空間兩個維度，寫盡吉林文化之淵源深長。

吉林歷史文獻典籍之豐富，源自其民風剛勁、民俗絢麗。《長白徵存録》寫道，『日在深山大澤之中，伍鹿豕、耦虎豹，非素嫻技藝，無以自衛』，描繪了吉林民風的剛勁無畏，爲吉林文化平添了幾分豪放之感。清代藏書家張金吾也在《金文最》中評議，『知北地之堅强，絶勝江南之柔弱』，足可見，吉林大地與生俱來的豪健英杰之氣。同時，與中原文化的交流互通，也使邊疆民俗與中原民俗相互影響、不斷融合，既體現出敢於拼搏、鋭意進取的開拓精神，又兼具脚踏實地、穩中求實的堅韌品格。

吉林歷史文獻典籍之豐富，源自其諸多名人志士、文化先賢。自古以來，吉林就是文化的交流彙聚之地，從遼、金、元到明、清，每一個時代的文人墨客都在這片土地留下了濃墨重彩的文化印記。特别是，清代東北流人的私塾和詩社，爲吉林注入了新的文化血液，用中原的文化因素教化和影響了東北的人文氣質和文化形態；至近代以『吉林三杰』宋小濂、徐鼐霖、成多禄爲代表的地方名賢，以及寓居吉林的吴大澂、金毓黻、劉建封等文化名家，將吉林文化提升到了一個全新的高度，他們的思想、詩歌、書法作品中無一不體現着吉林大地粗狂豪放、質樸豪爽的民族氣質和品格，滋養了孜孜矻矻的歷代後人。

盛世修典，以文化人，是中華民族延續至今的優良傳統。我們在歷史文獻典籍中尋找探究有價值、有意義的歷史文化遺産，於無聲中見證了中華文明的傳承與發展。吉林省歷來重視地方古籍與檔案文獻的整理出版。自二十世紀八十年代以來，李澍田教授組織編撰的《長白叢書》，開啓了系統性整理、組織化研究吉林文獻典籍的先河，贏得了『北有長白，南有嶺南』的美譽；進入新時代以來，鄭毅教授主編的《長白文庫》叢書，繼續肩負了保護、整理吉林地方傳統文化典籍，弘揚民族精神的歷史使命，從大文化的角度折射出吉林文化的繽紛异彩。隨着《中國東北史》和《吉林通史》等一大批歷史文化學術著作的問世，形成了獨具吉林特色的歷史文化研究學術體系和話語體系，對融通古今、賡續文脉發揮了十分重要的作用。正是擁有一代又一代富有鄉邦情懷的吉林文化人的辛勤付出和豐碩成果，使我們具備了進一步完整呈現吉林歷史文化發展全貌，淬煉吉林地域文化之魂的堅實基礎和堅定信心。

當前，吉林振興發展正處在滚石上山、爬坡過坎的關鍵時期，機遇與挑戰并存，困難與希望同在。站在這樣的歷史節點，迫切需要我們堅持高度的歷史自覺和人文情懷，以文獻典籍爲載體，全方位梳理和展示吉林政治、經濟、社會、文化發展的歷史脉絡，讓更多人瞭解吉林歷史文化的厚度和深度，感受這片土地獨有的文化基因和精神氣質。

鑒於此，吉林省委、省政府作出了實施《吉林全書》編纂文化傳承工程的重大文化戰略部署，這不僅是深入學習貫徹習近平文化思想、認真落實黨中央關於推進新時代古籍工作要求的務實之舉，也是推進吉林優秀傳統文化保護傳承、建設文化强省的重要舉措。歷史文獻典籍是中華文明歷經滄桑留下的最寶貴的東西，是吉林優秀歷史文化『物』的載體，彙聚了古人思想的寶藏、先賢智慧的結晶。對歷史最好的繼承，就是創造新的歷史。傳承延續好這些寶貴的民族記憶，就是要通過深入挖掘古籍藴含的哲學思想、人文精神、價值理念、道德規範，推動中華優秀傳統文化創造性轉化、創新性發展，作用于當下以及未來的經濟社會發展，更好地用歷史映照現實、遠觀未來。這是我們這代人的使命，也是歷史和時代的要求。

從《長白叢書》的分散收集，到《長白文庫》的萃取收録，再到《吉林全書》的全面整理，以歷史原貌和文化全景的角度，進一步闡釋了吉林地方文明在中華文明多元一體進程中的地位作用，講述了吉林人民在不同歷史階段爲全國政治、經濟、文化繁榮所作的突出貢獻，勾勒出吉林文化的質實貞剛和吉林精神的雄健磊落、慷慨激昂，引導全省廣大幹部群衆更好地瞭解歷史、瞭解吉林，挺起文化脊梁、樹立文化自信，不斷增强砥礪奮進的恒心、韌勁和定力，持續激發創新創造活力，提振幹事創業的精氣神，爲吉林高品質發展明顯進位、全面振興取得新突破提供有力文化支撑，彙聚强大精神力量。

爲扎實推進《吉林全書》編纂文化傳承工程，我們組建了以吉林東北亞出版傳媒集團爲主體，涵蓋高等院校、研究院所、新聞出版、圖書館、博物館等多個領域專業人員的《吉林全書》編纂委員會，并吸收國内知名清史、民族史、遼金史、東北史、古典文獻學、古籍保護、數字技術等領域專家學者組成顧問委員會，經過認真調研、反復論證，形成了《〈吉林全書〉編纂文化傳承工程實施方案》，確定了『收集要全、整理要細、研究要深、出版要精』的工作原則，明確提出在編纂過程中不選編、不新創，尊重原本、致力全編，力求全方位展現吉林文化的多元性和完整性。在做好充分準備的基礎上，《吉林全書》編纂文化傳承工程於二〇二四年五月正式啓動。

爲高質量完成編纂工作，編委會對吉林古籍文獻進行了空前的彙集，廣泛聯絡國内衆多館藏單位，尋訪民間收藏人士，重點以吉林省方志館、東北師範大學圖書館、長春師範大學圖書館、吉林省社科院爲收集源頭開展了全面的挖掘、整理和集納；同時，還與國家圖書館、上海圖書館、南京圖書館、遼寧省圖書館、吉林省圖書館、吉林市圖書館等館藏單位及各地藏書家進行對接洽談，獲取了充分而精准的文獻信息。同時，專家學者們也通過各界友人廣徵稀見，在法國國家圖書館、日本國立國會圖書館、韓國國立中央圖書館等海外館藏機構搜集到諸多珍貴文獻。在此基礎上，我們以審慎的態度對收集的書目進行甄别、分類、整理和研究，形成了擬收録的典藏文獻名録，分爲著述編、史料編、雜集編和特編四個類别。此次編纂工程不同於以往之處，在於充分考慮吉林的地理位置和歷史變遷，將散落海内外的日文、朝鮮文、俄文、英文等不同文字的相關文獻典籍一并集納收録，并以原文搭配譯文的形式收於特編之中。截至目前，我們已陸續對一批底本最善、價值較高的珍稀古籍進行影印出版，爲館藏單位、科研機構、高校院所以及歷史文化研究者、愛好者提供參考和借鑒。

『周雖舊邦，其命維新』，文獻典籍最重要的價值在於活化利用。編纂《吉林全書》并不意味着把古籍束之高閣，而是要在『整理古籍、複印古書』的基礎上，加强對歷史文化發展脉絡的前後貫通、左右印證，更好地服務於對吉林歷史文化的深入挖掘研究。爲此，我們同步啓動實施了『吉林文脉傳承工程』，旨在通過『研究古籍、出版新書』，讓相關學術研究成果以新編新創的形式著述出版，借助歷史智慧和文化滋養，通過創造性轉化、創新性發展，探尋當前和未來的發展之路，以守正創新的正氣和鋭氣，賡續歷史文脉、譜寫當代華章。

做好《吉林全書》編纂文化傳承工程是一項『汲古潤今，澤惠後世』的文化事業，責任重大、使命光榮。我們將秉持敬畏歷史、敬畏文化之心，以精益求精、止於至善的工作信念，上下求索、耕耘不輟，爲實現文化種子『藏之名山，傳之後世』的美好願景作出貢獻。

《吉林全書》編纂委員會

二〇二四年十二月

# 凡　例

一、《吉林全書》（以下簡稱《全書》）旨在全面系統收集整理和保護利用吉林歷史文獻典籍，傳播弘揚吉林歷史文化，推動中華優秀傳統文化傳承發展。

二、《全書》收録文獻地域範圍，首先依據吉林省當前行政區劃，然後上溯至清代吉林將軍、寧古塔將軍所轄區域内的各類文獻。

三、《全書》收録文獻的時間範圍，分爲三個歷史時段，即一九一一年以前，一九一二至一九四九年，一九四九年以後。每個歷史時段的收録原則不同，即一九一一年以前的重要歷史文獻，收集要『全』；一九一二至一九四九年間的重要典籍文獻，收集要『精』；一九四九年以後的著述豐富多彩，收集要『精益求精』。

四、《全書》所收文獻以『吉林』爲核心，着重收録歷代吉林籍作者的代表性著述，流寓吉林的學人著述，以及其他以吉林爲研究對象的專門著述。

五、《全書》立足於已有文獻典籍的梳理、研究，不新編、新著、新創。出版方式是重印、重刻。

六、《全書》按收録文獻内容，分爲著述編、史料編、雜集編和特編四類。

著述編收録吉林籍官員、學者、文人的代表性著作，亦包括非吉林籍人士流寓吉林期間創作的著作。作品主要爲個人文集，如詩集、文集、詞集、書畫集等。

史料編以歷史時間爲軸，收録一九四九年以前的歷史檔案、史料、著述，包含吉林的考古、歷史、地理資料等；收録吉林歷代方志，包括省志、府縣志、專志、鄉村村約、碑銘格言、家訓家譜等。

雜集編收録關於吉林的政治、經濟、文化、教育、社會生活、人物典故、風物人情的著述。

特編收録就吉林特定選題而研究編著的特殊體例形式的著述。重點研究認定『滿鐵』文史研究資料和東北亞各民族不同語言文字的典籍等。關於特殊歷史時期，比如，東北淪陷時期日本人以日文編寫的『滿鐵』資料作爲專題進行研究，以書目形式留存，或進行數字化處理。開展對滿文、蒙古文，高句麗史、渤海史、遼金史的研究，對國外研究東北地區史和高句麗史、渤海史、遼金史的研究成果，先作爲資料留存。

七、《全書》出版形式以影印爲主，影印古籍的字體版式與文獻底本基本保持一致。

八、《全書》整體設計以正十六開開本爲主，對於部分特殊内容，如，考古資料等書籍采用一比一的比例還原呈現。

九、《全書》影印文獻每種均撰寫提要或出版説明，介紹作者生平、文獻内容、版本源流、文獻價值等情況。影印底本原有批校、題跋、印鑒等，均予保留。底本有漫漶不清或缺頁者，酌情予以配補。

十、《全書》所收文獻根據篇幅編排分册，篇幅適中者單獨成册，篇幅較大者分爲序號相連的若干册，篇幅較小者按類型相近或著作歸屬原則數種合編一册。數種文獻合編一册以及一種文獻分成若干册的，頁碼均單排。若一本書中收録兩種及以上的文獻，將設置目録。各册按所在各編下屬細類及全書編目順序編排序號，全書總序號則根據出版時間的先後順序排列。

# 吉林地理記要

［清］魏聲龢　編撰

# 提　要

《吉林地理記要》魏聲龢於民國七年（一九一八）編撰并出版，吉林吉東印刷社鉛印，綫裝，兩册。内容涵蓋吉林省的山脉、水道、國界、交通及各縣沿革等，并附有地圖及附録。正文分爲上下兩卷。上卷爲吉長道屬十一縣、延吉道屬八縣、依蘭道屬十二縣、濱江道屬八縣的沿革及形勢；下卷爲歷史類、物産類。魏聲龢在《後叙》中説：『民國二年，余曾雜采吉林故事，并記述方輿大要，成《吉林地志》《雞林舊聞録》兩編，合刊印行……今夏，吉東印刷社主人以前書售罄，遠近頻來索購，縱余再版，乃將前書重加删訂。凡語類不經，稍涉疑似者，悉予芟削，大約存留者十僅四五。前書名「地志」，微嫌寬泛。「雞林」二字出於三韓之新羅，亦失内中國今名。遂并改定今名。所以，該書是在《吉林地志》《雞林舊聞録》兩書中重加删訂而成，僅保留原書十分之四五内容。《吉林地志》所記各縣均含地名釋義、沿革和形勢，簡明扼要地記述了各縣地理概况。《吉林地理記要》目録只記沿革和形勢兩目，但正文中則全部保留了地名釋義的内容』。也就是説，作者認可的部分均未改動或删减。該書爲研究吉林歷史地理變遷提供了基礎資料，爲吉林地域文化研究提供了珍貴參考，爲東北邊疆史地研究奠定了重要基礎，具有很高學術價值。

爲盡可能保存古籍底本原貌，本書做影印出版，因此，書中個别特定歷史背景下的作者觀點及表述内容，不代表編者的學術觀點和編纂原則。

譚吉林之歷史掌故要以省制改革
以前軼聞遺事搜討爲難而図修較多
如庚子拳亂中俄勘界等經過事宜
動與現在邊務交涉遙遙銜接詢訪
傳聞處猶失實必須博涉近賢著述
以資印證庶乎文獻交資而政治之

源流沿革與夫蛻變至此之故均能灼見本原魏君劭卿既成斯編出以眎余所攷遼金諸史致力甚勤於現在邊事亦多采自官書可信當世惟所謂近賢箸述倘能援證增多必更進而益上方今訓方之學漸爲教育界注重而吉

省通志一書已陳舊不適用尚未續纂吾知是編之出裨益學界決非淺尠將來續志亦必資為參攷無疑也抑余昔嘗有志仿齊次風水道提綱之例擬為東省水道紀要一書人事舛錯心思麤略有志未逮恧焉至今劬卿博聞强記

年力又富備取吾言而更證事水道一
書則尤綱紀東北之大業也
民國七年冬日南匯顧次英撰

# 吉林地理記要叙

吉林被山負海之區也處關東三省之中而海岸延長南起圖們江北盡庫頁島包絡東面幾三千餘里往在遼金東北沿海建置疏闊其申畫已靡可詳言考之明初奴兒干都司之領地清代三姓副都統所轄貢貂諸部東海版圖皆直迄混同江外自清室凌夷巖疆暗喪（清咸豐削庫頁島已淪屬日本勢力範圍）一度割地瀕海乃俱畀於俄退而畫江自守吉林遂無形勢之可言畫江之役逮今五十八年矣此時期中苟慎護國防猶或聊固吾圉奈何鐵路建築拱手讓人長蛇之勢首扼於俄尾蔻於日自吉長改約全棄主權吉會借欵再踵前轍馴致漸進交侵攘及航利天產所資兩手掩護惟恐無及於是腹心貫澈全局皆僵吉林幷無內險之

足恃雖然地理之運用要隨時會以爲遷變耳在昔閉關時代務在設險守隘冀人之不侵越今則萬國棣通農戰商戰競爭旁午當在地利之爲我用夫吉林非所稱天富之國耶但以現在論邊地半未墾闢鑛產開鑿甫具端倪東路森林徒供俄人汽車爨料至於漁虞牧畜采樵之業一切牢守慣習不知變以荒蕪勿治之勢遂來慢藏誨盜之憂不爲國利便貽民患故當務之亟莫切於濬發實業而凡山川險塞戰勝攻取之說不妨緩置松花江環行省境達三千三百餘里烏蘇里江中國有其下游一部圖們江有其上游一部兩江環帶又及二千數百里南北各行省江岸線之長蓋未有如吉省者省內河川乃悉如江流之方向迂行交匯其北注者俱松花江之灌域（大者如攸通拉林阿什牡丹倭肯諸河）東注者俱烏蘇里江之灌域（大者如撓力穆稜諸河惟南注圖們江者僅海蘭河較大但亦不爲巨川）源流縱橫

多及千里以上通省三十九屬咸被沾溉農利之饒即緣乎此吉省山脉權與白山近人多認白山屬之中榦山東泰岱之脉從芝罘半島渡海起頂爲旅順鐵山東北行以長白山爲中榦尾脉主山分東西兩系長白山系北走東折蟠鬱延運諸邊歧入俄領東海濱省小白山系順松花江北行而東北折直迄俄領韃靼海岬東系金屬鑛產尤豐而連山老林蔭蔽叢積兩系之大林區乃得四十有八粤自洪荒以來迄爲射獵時代未進於農業利在豐草長林鳥獸腓字農獵兩業不並處今故天產瑰雄草葉腐積土質益沃由前之說是物產厚盛之原於地理者由後之說是原於歷史者而山川脈絡原隔万向亦可見其概矣然而山澤之利未盡啟膏沃之壤未盡闢蓋其漸進之度胥任乎趨勢之自然初非有政治之程序爲之指導又復萑苻傲擾道途盜屋省東各縣尚有編戶未盈千者陸行動須假道江航惟藉俄輪交

通大勢悉侵悉奪以故向者嘗盛言移民當事疑畏而不舉成效卒荒闊而勿彰循今之軌蘄致發達十年生聚十年富庶殆必二十年後吉林纔以農國聞乎

# 吉林地理記要凡例

遼金郡縣大類南北朝時之僑置滅國以後輙移其民而郡縣之名亦隨之遷徙如渤海建州遂移臨潢南境（現今內蒙巴林旗尚有大氏遺族不令逾西喇木侖河樵牧越河則爲蒙人所俘）東京顯德府（今寧遠縣境）而有率賓之縣本編沿革必求地點與古代建置互勘不易凡有疑似者甯付闕如又如今日牡丹江以東在遼金半同荒徼建置本疎故沿革源流遇實無可考即從省略務取眞確不蹈傅會之習

遼金申畫疆域府軍州縣之上又有節度萬戶等官設置無定若元代及明初建置尤爲疎闊今吉省東半元時悉隸海蘭路明永樂時悉隸奴兒干都司故州郡沿革祇載當時設治所在如屬何路何節度之名概行刪去以避繁複

吉省十年前僅有九屬前淸光緒季年改建行省增設府廳州縣（舊時知府悉有屬地與內省異）乃有四十屬年來次第設治惟臨湖一屬擬設未果其各屬命名類多沿襲滿洲舊名但以音訛音轉之異復以文義附會多失其眞但滿語俱有所謂（如蘇瓦延本濁流之謂今一轉再轉而爲雙陽是）地名源於歷史有時地望每相差越（如賓縣長春等說見後）是編將確有考訂者悉述其大凡或亦讀史之一助

各屬設治未久今凡舟車所經僕夫告語猶俱舉土名顧其名稱出自滿語者亦居半且多與地理關合故於每縣之下概列土名有音義可釋者並附以詮解

是編於民國二年七月初版名吉林地志後附雞林舊聞錄合刊一冊時以倉猝成書體例纂輯俱極蕪雜近年復將詢考所獲隨時劄

錄擇要補入其有訛悞及類似不經者輒予芟去舊學商量願加邃密惟諸君子有以指教之

# 吉林地理記要目錄

## 吉長道道尹管下

### 吉林縣（治吉林省城）

縣治土名船廠滿語吉林烏拉吉林沿近之謂烏拉大川之謂縣名係截取上二音者

明季扈倫四部中之烏拉部故城東距吉垣六十八里沿松花江岸清設烏拉總管於此掌土物入貢之事今其地稱烏拉街考烏拉亦稱布特哈烏拉布特哈滿語狩獵也故嗣後文書即稱打牲烏拉乃譯義也

船廠之說省志謂清順治十八年因征羅刹遣昂邦章京造船於此故名然柳邊記略成於康熙時其時已有船廠舊城之說又言掘地

尺許輒得敗木朽釘疑昔曾造船於此茲詳加考証乃知船廠實起明初永樂朝觀特林之奴兒干碑當時太監亦失哈舟師實至庫頁島（碑作苦夷）碑云巨舡五十兵隊如雲殊方震慴又重修碑云巨船四十有八遠耀我兵云云則已在宣德時矣於是明初用水軍開拓東邊招撫東胡情狀已見大概再考阿什哈達摩崖乃恍然悟明代沿松花江出師航行數千里遠及庫頁其出發點蓋在吉林而船廠之目且遠在明初也阿什哈達摩崖距吉林城二十里而近今仍爲木筏之聚點時遼東都指揮使劉顯於永樂洪熙間三次率師船出發鑿巖壁以自記可見明初造船確在吉林柳邊記略船廠舊城之說蓋亦有本特當時載籍鮮徵故作存疑之論明史謂明於關東雖設置衛所三百有八其實乃同羈縻今得奴兒干阿什哈達兩種

石刻方知明初兵力遠及海東今吉省東陲固曾全入版圖特宣德後始誤於不勤遠略之言日弱而日失耳金石可補史書之闕豈虛語耶

（沿革）唐時渤海國為涑州遼金為寗江州境（州治在今烏拉街）明初為烏拉衛土門河衛地明季屬扈倫族之烏拉部康熙十二年始建甎城十五年移寗古塔將軍於此遂為省會（清廷先遣章京薩布素以綑量道里寗古塔至吉林凡九萬八千丈日吉林東行十里過松花江至尼什哈站三十里交密峯四十里額赫穆十里納穆窩集三十里山神廟五十里拉發七十里推屯三里色齊窩集（今退屯站迤東為張廣才嶺山林延亘北麓拉林河出焉高士奇扈從東巡錄稱自厄黑木站至喇伐木站四十甲皆林徑也）三百九十里距古塔城今以地望站名相證尚悉脗合至色齊窩集以東不按站計者諒為當時灕木連天人煙稀絕無可稽識故耳）雍正四年設永吉州（屬奉天府尹）乾隆十二年罷州改設理事同知

光緒八年升為府今改縣

（形勢）省垣山嶺環複江流轉曲擁抱迴護氣勢結聚誠天然之都會但遼金間兵事地理之要點實在下游甯江州城當時甯江與黃龍（今農安）互爲犄角耶律完顏兩姓之廢興悉繫此地之得失焉至前清之初將軍之所以移駐則以奉天爲清之陪都此爲近密便於控制焉耳又爲沿邊台站東西横接故舍甯江古戍而改建都會於驛道之衝非於邊防有所規畫也顧今則吉長鐵路已成吉會一綫數年後必且建築吉垣形勢乃綰柳塞東西之轂握滿韓聯絡之樞地顯重要漸又移換矣

（附錄）光緒三十一年日俄戰事告終中日訂東三省善後條約計自開商埠十六處吉省有六吉林其一也省境之有商埠權輿於是清宣統元年於東萊朝陽兩門外區畫埠地南迄松花江東至蓮花

泡縱橫十餘里編訂租建警察各章惟此埠雖屬自開實係約開性質該約有埠章須與日政府接洽之文刻是項公布之租建各章尚未與日公使正式協定對外方面仍無充分之效力且條約原文開列之埠地即以當時郡縣為名並未於部份的指定繫何地點致商埠所劃界綫對外仍難作據刻有酌展範圍另定各埠總章之議

省東北之烏拉城在松花江左岸明季烏拉部之都會也中有一土臺相傳為點將臺此城為遼金甯江州治是臺即當時建築物清祖未攻滅烏拉以前曾先破其沿江五城許盟而還（事在萬曆四十年）今日吉林省垣即五城之一特改建矣

前清時代吉省禁山俱屬隸于內務府而於烏拉街特設打牲總管一員管理四合霍倫舒蘭等處貢山又在伯都訥（今扶餘）有樝梨

貢山年采鰉魚花鹿松子仁蜂蜜而進之內廷專供奉先各殿祭品又有凉水泉喀薩哩及大通七處包套地則牧廠也吉林甯古塔伯都訥三處又各有官莊一處自道咸以來將山地魚圈晾網地陸續開放已悉成民產舒蘭於宣統己酉年並已設治刻政體改革內務府行文吉省澈查計惟烏拉總管所轄今五常縣之四合霍倫貢山（東至拉林河西至帽兒山南至萬壽山北至杉松嶺）與在扶餘縣境內之樶梨貢山（東至九道城子西至三家子南至大方中正八犾子北至雙龍山）二處仍列入皇室私產時享品物俾無廢禮

東三省爲前清故地防禁之嚴甚於他省清初定例越五年勅使按臨盤查倉庫點驗軍裝一次其來輒在冬季不但驛站疲於迎送各城協佐供給逾年不能彌縫嘉慶二十三年將軍富俊奏止之又吉林省例應副都統年班進京二員遇將軍年班副都統亦去一員長

途往返疲於奔命道光六年亦經富俊奏准值將軍年班副都統無庸進京副都統年班輪替一員進京遂爲定例

省城北山下有演武廳故址爲當年較射之所廳對北山山有九峯拱衛土人稱爲九龍之象康熙朝有堪輿家侈其辭謂爲王氣所鍾語達帝都諭令鑿毀數峯又謂土門嶺有兩峯對峙（今沿吉長鐵路）爲龍脈亦鑿斷之以破其兆語極不經而故老言之鑿鑿

省署西偏當未改行省前爲將軍府其東則後來購地拓建者將軍府之後舊有太和宮清乾隆帝曾駐蹕焉窮年封閉避不敢入風雨摧殘日就傾圮清季始撤去築爲園亭是宮有殿五楹其中空無所有唯一黃色寶座而已

東出吉林城五里有龍潭山山中古樹一株老幹聳立清時歲初夏

長官皆往拜祭余十年前來此樹已枯萎今仍矗立山頂有池名曰龍潭終年不涸下有泉脈通松花江昔爲祈雨之所廟有楹聯乾隆時福康安所撰居民不知滿俗樹祭之禮輒神奇之滿俗凡城郭部落所在必擇樹以祠猶之蒙古民族氈幕所在累石爲鄂博向之膜拜也然此俗由來已古魏書太平眞君二年以烏洛侯有先帝石室派李敞告祭斬樺木以置牲醴(按此並可參証滿人竿祭之俗)其後樺樹成林居民益神奉之禱祀不衰考烏洛侯今爲江省呼倫貝爾(采宋君小濂說)是即滿人樹祭之緣始

長白山松花江兩神廟爲吉林特祀長白山望祭殿在城西南二里溫德亨山(殿雍正年間所造即小白山是)因望東南而祭故殿爲西北向祭牲用鹿江神廟在東萊門外昔時遇常祭由奉天派員御祭則由部派員祝

文香帛俱由派祭之員齎來考長白山爲前淸發祥地崇神報本故有特祀之典至松花江則爲祭北海之遺意柳邊紀略云北海唐祭於杭州宋祭於孟州順治康熙間祭於河南濟源縣後以都察院副都御史徐元珙言改祭於混同江混同江即松花江也

長春縣治吉長道道尹駐所西北距省二百四十里

縣治土名寬城子長春遼地名遼史本紀延禧親征率番漢十餘萬出長春路是也又本紀遼帝幸長春宮游鴨子河明孫承澤筆記遼長春宮有二一在鴛鴦濼即捕魚兒海巴林旗境一在黃龍府附近考長春縣遼舊治在今扶餘縣境長春嶺鎮實當時宸遊之地至金承安間移泰州昌德軍於此而改故泰州爲金安縣隸之泰州區域最爲袤廣北境直迄嫩江西岸今科爾沁諸旗北境堡壘連綿稱泰州邊

堡故又名長春邊堡（金代疆域北面盡此時爲防廣吉剌部命宗浩築此）

（沿革）遼屬泰州金章宗時改設金安縣元屬開元路明爲兀良哈部元太祖遣弟哈布圖征郭爾羅斯部擒其酋哈布圖後爲兀良哈部十六傳至烏巴什遂分前後二旗是地屬前旗清天命九年歸清嘉慶五年（查有墾民二千餘戶墾地二十六萬餘畝）因借前旗地置長春理事通判設廳治於新立屯（南距今縣治五十里）道光五年移於現在治所之寬城子光緒八年改設撫民通判十五年升爲府民國二年改縣

（形勢）縣境南扼伊通邊門彌望平原東通省會出縣境三十里即坡陀起伏松嶺山脉沿柳邊蜿蜒東走此皆其尾脉也自中東鐵路告成平夷洞達商旅輻輳逮日俄戰事既終北屬中東南爲南滿此焉接觸近年吉長鐵路通車吉會一綫又將建築是地乃扼三省交

通之衝綰中日往來之轂爲關東巨埠長春商埠爲中日東省善後條約自開商埠十六處之一清宣統元年在縣治北門外設定埠界餘詳吉林縣商埠欄境內農產亦冠於各屬

德惠縣西北距省一百四十里

縣治土名大房身舊屬長春府時縣境爲沐德懷惠二鄉地

（沿革）與農安縣同宣統二年析長春府西北境置縣

（形勢）境內水道縱橫農利最溥迤西沐石河松花江匯口沱流縈帶柳涵延亘尤饒水利

農安縣西北距省三百六十里

縣治土名龍灣本遼時之龍安城

（沿革）唐時渤海大氏上京之扶餘府遼祀平渤海有黃龍見於城上改爲黃龍府一統志及何秋濤朔方備乘均謂黃龍府有二唐人詩所謂旗鼓龍城龍城飛將之說乃指今熱河朝陽

縣而言其地北扼盧龍塞晉前燕慕容皝所部金濟州又改爲隆安府元初爲金之上京殘破曾僑治開元路總管於此（後徙今奉省之開原縣）明初爲伊屯河衛旁境後屬郭爾羅斯前旗光緒八年借蒙地設分防照磨十五年改縣今仍之

（形勢）境內盡屬平原當松花江左而扼伊通驛馬二河之委流川原交錯蒙滿咽喉遼金時代爲四戰之地良有以也（由吉林省垣西行七十里爲樺皮廠五十里土門嶺二十里馬鞍山二十里九台由此出柳條邊正西微北七十里雙山子又西北四十里郭家屯入農安界西北三十里萬金塔遺址二十里高家店二十里花園由此入草地正北三十里卡倫木二十里郭爾羅斯前旗郡王府共十一站三百九十里）

（附錄）遼志云龍安城在一禿河西（即伊通河）周七里四門今縣治尚仍遼之舊城外有塔亦名龍安塔縣名農安乃取古地名而訛變耳塔爲遼天聖年間所建高五丈餘其頂已禿上多雕刻石佛又縣東北

有浮圖基土人稱萬金塔明初此地尚稱隆安焉勝征元太尉軍次隆安是也

長嶺縣西北距省五百二十里

縣治土名長嶺子新唐書渤海國長嶺府領瑕河二州滿洲源流考河州在黄龍府北有河流入松花江按之地望頗合今距縣治西北四十六里有古城一極大疑即長嶺府故址

（沿革）渤海屬長嶺府金博索府旁境元明建置與農安同光緒三十四年設縣今仍之

（形勢）全境平原無高山大川縣治迤北有砂漠地與達爾汗旗界東西延亘故春夏常苦風砂儼然戈壁中景況設治十年祇東南一帶稍稍墾闢

## 磐石縣西南距省三百里

縣治土名磨盤山治城北山頂有石如磨盤

（沿革）金回霸路之尼瑪察部後爲回霸國金史尼瑪察部人旺吉努築城回霸河邊因號回霸國明爲扈倫族之輝發部輝發即回霸音轉清初南境屬奉天圍場光緒八年設磨盤山巡檢隸伊通州十三年裁設州同知二十八年改設磐石縣今仍之

（形勢）境內山脈橫斷特無奇險足限而旅行殊阻西南孔道俱達奉省而不爲要隘澗水苦寒居民時患拘攣縣東諸小水流域山藪藏匿號人疲於守望惟地方開闢已逾一紀生聚繁庶省南稱最金屬之鑛俱有發現松咀嶺之銅鑛尤成蹟卓著焉

（附錄）輝發故城在今磐石縣之南境奉省輝發河濱城址在奉省輝南縣界

明代扈倫四部中輝發部之都會也其城周圍僅半里許地址浮起而埤墻之影隱約可辨陰雨之際往往望見故城白氣濛濛亦一異也今于嶺上臨高下瞰全趾在目此嶺高處曰茶尖站清高宗巡行過嶺曾打茶尖故名

## 樺甸縣（南距省二百七十里）

縣治土名官街先擬在縣北樺樹林子設治此地又稱樺皮甸子因以名縣

（沿革）金爲赫舍哩部（金史赫舍哩部阻兵普嘉努以偏師夜抵不勒水擊破之考水在今縣南下匯松花江）明爲法河衛（在縣西）後屬白山國之訥音部（縣境南扼頭二道江之匯口時稱大小訥音河）亦稱額赫訥音之野清初概屬封禁地（康熙十六年後長白山升祀四周千餘里間移墾創荄采珠伐木悉在禁例是禁地西南與奉天二十四圍相接（今海龍東平各縣）因又恃爲山獸滋生之所）清同治間韓氏効忠

省南道所通遥接奉省長白各縣足以控扼東邊僑墾韓人就溪谷種稻自成部落言地利爲神皋奥區言地勢抑又四塞之國也有清始啓封疆先併白山之國二（鴨綠部訥音部在萬曆十六年）遂能蠶食海西諸部故雖葉赫梗於西而松花江左右已盡兼併當年此地固行軍之要道矣

依通縣（西南距省二百八十里）

伊通河發源縣境下注松花江遼金史作一禿河又作伊圖河伊屯河皆一音之轉

（沿革）金咸平路元初因之明爲達喜穆魯衛伊屯河衛地後爲扈倫族之葉赫部地嘉慶十九年設分防巡檢光緒八年升爲州民國二年改縣

亟賞其才爲更名曰効忠韓氏藍縷胼胝以啓山林屬彼勢力圈者自大鷹溝起直至古洞河大沙河二河皆發源長白山北麓經今安圖縣界入松花江並及松花江西之荒溝那爾轟等

濛江縣東南距省四百六十里

濛江滿語爲恰庫河源流有三至縣治北會珠子河東入松花江

（沿革）金爲舍音水之完顏部金史完顏部契丹時有五明鄂爾琿山所即那爾轟之音恃山任今縣北與磐石接界明季同屬訥音部淸爲封禁地光緒三十四年奏設濛江州民國二年改縣

（形勢）地當白山之左北出之費德里鄂爾琿山脈環帶西北兩面故境內之水盡東流縣治據珠子河上游沿河東達松花江約八十里而亂石林立占河床之大半近當道正擬分年開鑿橫貫縣城一旦濬鑿西北叢山森林之利已冠絕吉

（沿革）遼金與吉林同明爲依爾們河衛蘇完河衛吉省未置郡縣以前西旁柳邊與郭爾羅斯前旗接壤宣統二年分吉林府西界長春東界依通北界增設縣治

（形勢）吉長依三屬爲吉省大邑故縣治設置雖近而墾闢已久境壤雖狹而農利實溥地居腹內交通防禦俱佔重要之位置焉

舒蘭縣北距省一百八十里

縣治土名朝陽川舒蘭滿洲古地名爲省北台站之一滿語果實也境內四合川霍倫河本屬前清貢山爲采貢小山紅梨山爐之地

（沿革）明屬阿林衛康熙二十年設巴彥鄂佛羅防禦旂員管轄此地采捕事宜仍屬之烏拉總管近年逐漸開放宣統二年分劃吉林府北界增設縣治

（形勢）縣境向西南突伸爲狹長形扼威遠堡邊門之口明代於此疆界華夷晚明東事既起恃爲遼瀋藩衛至於清朝柳邊之外悉置台站吉林瀋陽間交通伊通扼其中點故東屬圍場（奉省海龍東平西豐等屬清初皆爲圍場）西屬科爾沁蒙界（今爲昌圖奉化等縣）獨留此一綫通衢若司筦鍵今南滿鐵道不經縣境形勢已有遷變而衿束兩省自爲形要匪蹤出沒尤號劇邑

（附錄）高士奇扈從錄云夜黑城在北山之隈甎甃城根亦有子城尙餘臺殿故址又一石城在南山之隈然是尙是康熙朝情形今城址剗除殆難指認

雙陽縣（西南距省一百九十五里）

雙陽河滿語蘇斡延注依通河蘇斡延滿語濁流也

始啟山林光緒三十四年創設樺甸縣今仍之

（形勢）地當白山之陰北榦叢山沿二道江西走至匯合處天然襟束大江北流貫徹中心兩岸平原展闊農墾適宜而氣候殊溫山林之利尤縣境與濛江所擅有焉近年煙匪充斥又以雜居之約既成日韓僑民紛集游惰之民勾結爲患號稱難治江流東納蛟河漂河西受輝發河是利在航運灌溉者沿古洞河右岸爲白山北麓之要道是形勝之在東南界上者

（附錄）自吉林省城南行百八十里至大鷹溝由此而南三十里爲樺樹林又二十五里爲木奇河又迤而東南百九十里爲夾皮溝當前清同光間魯民韓邊外招集燕齊流民於夾皮溝擱采金礦嚴約東遠斥堠生聚日繁儼於窮邊荒漠中別開世界吳大澂勘界蒞東

（形勢）北帶柳邊之尾法特哈門（法特哈滿語蹄也又法佛哈滿語檯也門旁一山似蹄形）西旁松花江山脉横午縣境東南尤萬山叢雜有呼蘭玲璫嶺諸峯爲拉林河所出故境內水道縱横漁虞采樵之利兼備

## 延吉道道尹管下

### 延吉縣（治延吉道道尹駐所東南距省七百四十里）

縣治土名延吉岡又名南岡（實南荒之音轉）設治時因駐有延吉強吉等防軍即名延吉

（沿革）遼時爲完顏部金置海蘭路總管府明錫璘衛（即今細鱗河在縣西銅佛寺南站）淸爲南荒圍場光緒二十八年設延吉廳同知宣統元年升爲府民國二年改縣

（形勢）縣居長白山之東白山東出之穆德亨幹脈（又作溫德亨促音爲盟溫滿語祭所也）障其北圖們江帶其南縣境倚山面江實爲長白東麓一大平原河渠橫午農利倍饒表裏山河形險自固淸季嘗視爲國防重地正恐東道不通圖們江灌域將成甌脫北下敦化吉省東北可斷隔

爲二（庚子年拳亂俄兵由琿延西進逕至吉林長驅西上莫能遏阻）談省東邊事故首數及茲緣中俄劃江之役琿春之險隘早亡（見後）進圖其次不得不爲重戍然今韓僑紛來囂賓奪主門戶洞闢邊情又一變矣（全縣戶口韓僑占十之六）

（附錄）清宣統元年中韓圖們江界務條欵開放縣境之局子街龍井村（即六道溝）頭道溝暨汪淸縣之百草溝四處爲自開商埠二年同時規畫埠界擬定四埠總章嗣經日外務省逐項修正又經我國駁議交涉數次仍未正式協定惟埠內居住墾民於埠外有土地所有權者一例按雜居區辦理（見後）受中國法律管轄

縣西南一百十里有古城二一曰東古城一曰西古城附近海蘭河扼圖們江北大路之衝近年土人於此獲古印三一旁鐫大定三年（金世宗）知審計院事印一旁鐫貞祐二年（金宣宗）上京路萬戶鈕字號印

一副統屬印皆金源故物此二城蓋爲金海蘭路總管府開府之地

附　延邊勘界記

遼金與高麗國界以今地理考之實在今韓國咸興府南之平定府時高麗王朝王氏屢出兵北爭海蘭甸（今延吉縣境）卒不獲逞元置東寧總管府於西京（平壤）劃西海道之慈悲嶺爲界（平安南道）及後元以高麗舟師助討日本之故歸以西北地始與中國以鴨綠圖們兩江爲界自是五百餘年未之或改及清太宗第二次征服朝鮮國王李倧在三田渡求和以後則清廷與朝鮮曾有兩次勘界之舉一康熙五十一年其議發自清廷一光緒十一年韓王以勘界爲請

朝鮮北境圖們江外（時文書俱作土門韓稱豆滿後乃作圖們）清初爲東海部之瓦爾喀部康熙時以江源處界線不清派打牲烏拉總管穆克登往查審視鴨綠

圖們兩江俱源於小白山之分水嶺（一名黃香嶺韓名虛項嶺）嶺東三汲泡流出之紅丹水爲圖們之源嶺西建川溝爲鴨綠之源因於分水嶺山巔立石刻文曰穆克登查邊至此由此沿紅丹水至三江口（韓茂山府治西北）以華夏金湯固河山帶礪長十字勻置十碑劃明韓國茂山惠山之界（碑已不存今補立）

此康熙五十一年事

今古省東南與朝鮮接壤之土地在淸光緒以前皆爲禁山厥後韓人越江移墾我岸者日衆更有侵佔之意穆克登立石並已暗移至長白山東南（相距七十里）與紅土河源相對但不知此舉屬於何年先是光緒八年淸廷有刷還朝鮮流民之議鮮人懼遷遂取證已移動之穆克登碑詭言紅土河爲圖們之初源又言長白山陰向東北行有石堆數十復向東北有土堆百數（是處爲西兩登長白山之正道沿黃花松溝兩岸有云此土石堆係當年禁樵采之標識或云獵者所置）

所以爲界者繼乃言圖們豆滿係屬兩江華界之海蘭河布爾哈通河今延吉境實是圖們江若豆滿固左右岸屬朝鮮者光緒十一年我國遂與韓臣李重夏會勘始得勘明圖們江之源正源紅丹水北源紅土山水南源西豆水西豆紅土山二水合而東南匯紅丹水未匯合前統名石乙水韓人仍爭執十三年因再勘而我微讓退允循石乙水爲界俾饜其心詎知有此一讓葛藤轉甚彼又改指紅土山中一溪澗爲圖們正源卒未解決而罷以上紛紜鬪皆韓臣魚允中嗾使然其時所爭之得失已不出舊界數十里歷來混指之說早自消滅矣此光緒十三年前事也及光緒三十年兩國俱欲勘定以竟前議時日本已得志於韓日使內田力阻以軍事未平爲解蓋時日俄已備開戰預留翻案地步也

日俄戰事將終有日人龜井版本等私製地圖潛將我延吉地方之牛

心山脉海蘭河以南悉繪入韓界同時派測繪者至千人專測此一帶土地日政府月費十萬金僞裝密偵之武員有三十三人畫謀之深非伊旦夕光緒三十三年七月十一日日政府忽有照會致清政府云間島容爲清國抑韓國領土今統監府（時日本駐統監於韓都漢城由伊藤博文充任）派齋藤大佐來間島保護韓人時清廷初不知間島繫何解釋而此項無中生有之大交涉已破空而起且是照會甫來而日本所謂保護之兵已北逾圖們江進逼雙方齊舉令人錯愕

按圖們江自茂山以下江灘延亘以光霽峪前一片之灘地略大華人名爲假江亦名江通橫里許縱約數里本連接左岸我界光緒七年韓人往墾乃私掘一溝此灘遂宛在江中仍歲納租銀於我墾局二十九年韓官李範允行文妄指假江爲間島混稱韓領墾局拒斥

旋由延吉廳署與訂契約云古間島即光霽峪假江地向准鍾城韓人租種今仍允如舊蓋間島二字時始見於公文然區區一灘其細已甚又一說間島名詞實墾島之訛以韓人語音墾字讀如鬪因曰語之音轉又日人時思藉此地爲侵略根據遂強作間字云

韓墾民指假江爲間島原不過嶴爾土壤爲租墾允拒之關繫至中日交涉起日人乃廓而大之其說曰豆滿江（豆滿即圖們以中韓語音之訛強歧而爲二日本至是遂亦襲其舊說）各地異名左側支流向西逆溯中國人謂之佈爾哈通河西南分歧名駭浪河上游又有南出支流韓人稱爲土門江在豆滿土門間區域爲間島（意殆以海蘭河南圖們江北今和龍縣境渭納於間島範圍海蘭即彼所稱駭浪也）已又誕而出之其說曰間島即女眞距豆滿江千里之夾皮溝亦其區域中有韓氏之小獨立國（韓氏事實見前）沿輝發河達松花江南岸島之面積大比日本之九

州意殆將以吉省東南路今樺甸濛江磐石並延吉各屬悉納入間島之範圍是說已愈辯而愈妄其計在弄假而成眞由是兩國文書爭執變幻譸張及清宣統元年七月始解決一切幸得邊隅無缺顧當事磋摩幾及二載亦吾國外交之要史也時督辦邊務之吳祿貞將圖們江爲中韓國界江左係屬中國之鐵證采之檔案旁搜韓史並及日本與俄國之朝野記載至三十一種抵隙導窾令無辯難之餘地方能就範奈清廷畏葸失敗卒訂中韓圖們江界務條欵允許開六道溝百草溝龍井村頭道溝四商埠劃定墾民雜居區（說見後）又允合辦吉會鐵路當事雖力爭已無及矣

宣元界務條欵第一欵載圖們江爲中韓國界其江源地方以定界碑起至石乙水爲界線兩國間此項規定實根據光緒十三年李重夏之勘界圖但其間相距七八十里並無記號穆克登碑石亦久經抛失故訂約頃清外部即以會勘爲詞日使又托言稍待自是因循至民國三

年兩國當事對於此項界線主張已各不同某機關購得彼國所繪朝鮮圖六種（韓國舊圖已被日本搜毀淨盡）均以長白山主峯爲界線起點竟已南逾圖們江岸中被包套之地延跨三面雖係私家著述而情殊可慮日警兵並在奉省安圖縣之新民屯侵駐在國界之胭脂峯西五十里石乙水西南遠近均埋置測標東拓會社且擬移韓民在屯北開墾而改新民屯爲神武城其將以此爲新紀元之領土已可想見覆按李重夏十一年圖係自西豆水與紅丹水合流至圖們江爲界十三年圖係自定界碑達石乙水循石乙水至江爲界西豆水源出黃沙嶺東北流與紅丹水匯流入江十一年圖即依此分畫是線在石乙水東南距定界碑約四百里即以石乙爲江源已蹙地四百餘里宣元界約乃據此線今日人建標紅土山等處直越石乙水迤北地帶矣是於延邊界務交涉失敗之餘而又未來之糾葛也吾國外部顧一任日人之延宕不

即會勘而聽其潛侵獨何歟

附 韓僑遷墾記

清初以後朝鮮貢道出奉天（由韓新義州過江至鳳凰城中國乃伴送之入貢）中韓互市於鴨綠江之中江台（九連城東江中洲渚）若吉省圖們江左岸固自來采斷塞主義者其奈韓境人稠土瘠一逾江流北入我界便沃壤膏原天然實庫（今延吉和龍汪清等屬正當長白山之東以金礦爲最富有石建坪等綫金產地有黑頂子琿春河等砂金產地開采期始自同治間而延吉正西約百里現中日合辦之天寶山銀銅鑛發見在光緒初尤稱寶藏餘如鐵鑛煤鑛蘊蓄俱厚加以森林蓊蔚獵業斯興河流縱橫漁業兼適皆農業之剏產地富饒爲吉省冠）清廷每歲僅由烏拉總管採取蚌珠及獸皮於此計自今甯安府瑚珠站南至圖們江岸盡荒漠無人居康熙季年始設協領於琿春城顧其時圖們江右岸之朝鮮屬我保護國初無所謂邊防也自咸豐十年中俄界約既成左岸從稽查處以南下游盡爲俄有（圖門江自納紅

旗水後經琿春境南流八十里至黑頂子咸豐時界約訂後被俄潛行侵佔已以此爲中俄國界及吳大澂勘界至此爭回故地設屯墾營向南展界三十里即今土字碑所在遂爲定界界外向有俄人設卡稽查由此以下左俄右韓流三十餘里入海於是吉省遂無海岸並江口亦非吾土而邊防始緊同治初朝鮮曾大飢野殍狼籍飢民挈眷至江左（今延吉汪清等處）將妻室子女鬻於華人每名祇換米一二升傷慘已甚然由此種界亦得稍開而薙髮易服回國者仍不齒之清廷以韓民越墾屢下嚴令刷還令弛輒又侵入光緒初法禁稍懈至者遂多圖們江右韓境數城均山嶺濯濯土瘠地貧一望而知爲弱國入其城腐敗冷落之象不堪惟長官一座首一（係民治之次官）數吏役而已其俗苦守儉約老死不化室中糞穢不除而門閥階級甚嚴往時更賤視外族（韓人族屬之別極嚴該國人相見必先詢姓氏如曰李姓又必問何地遷來如答謂內地遷來則歡迎之曰娘伴呢若土著則直曰商力密細考娘伴呢三字實含有唐人之意味故韓人多自謂其族在隋唐時移至本中土產云云明季有康姜兩姓陷沒於韓至今亦稱娘伴呢示尊稱也）

當歲同前國界尤嚴每歲惟正月華民至該城開互市一次（指定會寧慶源二處准我往而不准彼來平民私相往還者罪死）由甯古塔旗署派員赴各城監督之俗名大換（甯古塔記略言兩界相望里許無故禁往來每歲十月奉命往彼買鹽以貨物易紙筆扇鐵稻米而歸） 光緒七年吉省派李金鏞勘荒琿春條陳招墾十一年吉林官府因俄人私與朝鮮通商以慶興郡爲互市地因開放和龍峪光霽峪西步江三處爲中韓商埠以資對待先時中國於韓人向不徵稅及自由貿易之制行刑部郎官彭姓爲中韓通商員特頒六言曉諭示文刻木懸掛署門自是兩國國界開矣先吳大澂勘邊至此曾有我界墾民一例薙髮入籍編甲升科之請韓王庇之未果至是既與韓改訂通商章程一面遂有越墾局之設（在和龍峪）舊令悉除韓民麕集越五年准領照升科（十六年）旋改設撫墾局初韓人蹤

跡限於海蘭河南（今和龍縣屬）其後華民傭雇爲佃租給開耕蔓延益遠至光緒庚寅上自茂山下至鍾城歲子（茂山鍾城韓地名時我界人烟稀少每以對江名稱名吾土上文猶茂山鍾城隔江左岸之謂）江濱沃土二百餘里悉行丈放於是江左一帶人口蔓延幾倍華民地理關繫始稍稍注重已而立水師營（十九年）設治（二十八年設延吉廳同知）招兵（同年招駐延吉強吉軍四營）布置略備矣及光緒三十年中日間島交涉起韓民已徧延邊墾民達五萬餘戶

淸宣元七月間島交涉解決訂定圖們江界務條欵五條內載汪淸河西老爺嶺東概作雜居區原有墾民均有土地所有權統受中國管轄裁判與華民一致屬此區者爲延吉和龍兩縣及汪淸縣之西半顧在上述雜居區外之韓民如何處置則未有成文之條約於會議錄中但載日本伊集院公使之聲明「雜居區外亦可照此規定歸中國國家

統治惟鴨綠江岸一帶韓民應俟將來另行商奪」詎意民國四年中日新約告成日本當道援新約第八條「現行各約除本條約另有規定外一概仍舊實行」之文强自主張須將界務條欵內墾民悉歸中國管轄裁判各規定均行撤廢是年九月駐延日領遇有墾民民刑各案便開始逮捕而我國之主張斯謂新約八條之解釋正所以保障界務條欵繼續有效其義適見相反無奈日本方面竟逮捕如故訊辦如故吉省長吏乃退一步甚之謂界約能否繼續可俟兩國政府交涉之結果此時姑維持向來之辦法而日領事不允已又提商凡經入我國籍之墾民不能逮捕引韓人之入俄美籍者爲證而日領事仍不允謂韓人戶籍未清縱入中國籍日政府固仍認作帝國臣民初無區別也因是日警詗知已歸化我之墾民更指疵索瘢動輒拘去拷問以証實

其主張六年春琿春日發生日兵越界示威之事吉省長吏明知愈因循愈失敗謂寧退讓以就解決無令腐爛以滋他故然入告外部數十次卒無確答政府縱玩泄而日政府實亦利用此拖宕手段堅不受商至近頃並彼伊集院公使之聲明俱指爲虛假從而逞志逕行爲傳有之有土斯有民今雜居區中墾民五十餘萬遷墾受廛吾土獨不受我政權支配此外各地韓僑相率效尤於是政事人民皆非我有一旦有事彼日領事且執條約保護外人之任務以繩吾後而韓僑中人類駁雜又復黨派紛歧不乏一進會之餘孽今日東省危機蓋無逾此矣况乎韓亡以後日人迫逐其遺民西徙韓人生計程度低劣又不堪日人之壓迫願去其鄉邦宅居我土刻吉省遠至虎林密山各屬俱有其蹤跡至奉省之鴨混兩江流域更密邇韓境久成喧賓奪主之勢誠不知

再越五年當增殖至數字之何位所願羣起注意思有以善其後爲保邊計也

和龍縣（東南距省八百里）

縣治土名和龍峪又名大砬子始見光緒十年吉韓通商章程內或謂係越墾韓人所名

（沿革）明㢧金河衛（明史永樂五年置㢧金等五衛以部人克成額爲指揮考㢧金河即㢧吉音河今名陰陽河在縣治西與奉天安圖縣交界處）清光緒十年開放和龍峪光霽峪西步江爲中韓互市地二十八年設和龍峪分防經歷屬延吉廳宣統二年改設和龍縣今仍之

（形勢）圖們江環帶南東上控小白山之江源中韓國界河流綿亘縣境六百餘里蓋吉省東南形勢屬於延吉實先和龍以近接北韓

而障其外也(全縣戶口韓人占百分之九十五)北韓軍事地理根據會寧逾江北進縣治當其衝轉瞬吉會鐵道既成必更握中日交通之樞爲滿韓之紐(現在會寧至清津鐵路已成出清津港直至日本敦賀)對外之形要如此而長白山脈橫隔滿洲近古以還南道久廢(由奉天圍場即今海龍縣)出安圖縣斜沿古洞河以達和龍俗呼盤道現移墾民人頗多出此道者甲辰歲日俄交戰日本並修有軍用電綫溯圖們江轉出長白山南沿混江至安東縣及丁未歲日本又有與韓氏合修夾皮溝古洞河大道之議蓋此道從古爲交通衝路明季清初猶有兵事關係及前清雍乾以後劃定從柳條邊東出悉爲圍場禁地乃舉千里奧區委爲榛莽然方今東省進化趨勢此道已有隨刋之必要)一旦開闢惟和龍司其鎖鑰可以短縮吉奉之距離轉移南滿之地勢則又對內交通之宜注意者

汪清縣(東南距省一千零二十三里)

縣治土名百草溝治東有大小旺淸河滿語旺欽堡壘也(前清時音義附會改)

欽作清奉天興京東有旺清邊門音義同此

（沿革）明阿布達哩衛今縣治西綏芬河上流有地名東溝即該衛故地清初庫雅拉部鈕呼特氏居此爲世管佐領（今大坎子地方）宣統二年析琿春延吉境設汪清縣今仍之

（形勢）圖們江屈曲東流如几字形縣境臨據其上東翊琿春西衛延吉隔江與韓國穩城相對會寧茂山慶興慶源鍾城穩城爲韓國沿江六鎮北負重山即雜居區老爺嶺之界線平原膴膴但農利方開已成韓人唯一之移墾地戶口統計韓人約佔六十分之四十五扼圖們江下游一面之險無當於東邊全局從圖們江下游轉向琿春北進縣境當其衝但江右悉屬朝鮮軍事地理實重在上游上游西北可徑趣省垣汪清遂無險隘足守

（附錄）縣境百草溝商埠爲宣統元年中韓圖們江界務條欵自開四埠之一餘詳延吉縣商埠欄

## 琿春縣 東南距省一千二百里

琿春金地名史又作烏蠢亦作烏春

（沿革）金烏庫哩部 穆宗本紀圖們春水之交烏庫哩部與率賓水部起兵太祖往攻之撫寧諸路 明琿春衛通肯衛密札衛明季舒穆祿氏所居清初爲南荒圍場 伊通州南爲圍場東南爲奉天圍場又南始爲山獸滋生之所即琿春延吉地也 康熙五十三年始設協領管轄捕獵牲丁光緒七年增設琿春副都統宣統元年裁設琿春廳今改縣

琿春與延吉等縣金代均爲上京海蘭路海蘭河今亦名駭浪河在延吉縣治南下游匯圖們江入海古代遺跡最多現縣治北六十里德化鄉爲明之密札衛俗名密江有古城一又琿春北距離陰陽坎十二里之半拉城紅溪河南十五里之小城子又河南二十里之礮子山前又東六道溝營城子明通肯衛治所各有古城計琿邑左右二百里間有古城五土人不知何代建築均呼爲高麗遺跡按金史康宗四年高麗築九城於海蘭甸以兵數萬來攻幹色敗之亦築儿城與高麗相抗高麗復來攻大敗約退九城之軍復所侵故地罷兵云云從知土人高麗遺跡之言蓋亦有本

宣統二年居民王德新在縣城東十五里大麻子溝得方銅印一篆文爲彈壓廳印幕鐫金代年號時爲琿春同知周維楨取去携之赴鄂翌年娘子關之變周與吳祿貞同殉國難是印不知流落何所

琿春東九十里塔子溝北山坡有古塔一塔上字已模糊係大方磚砌成磚厚五寸縱橫各一尺五寸堅硬如石土人拆取用作磨刀之磚石現在塔根古磚已拆移十之七塔柱向東南歪斜而仍不倒又南山坡有塔基一則僅留遺址

（形勢）琿春爲吉省南東門戶倚山控海臨江本四塞之區自咸豐十年割圖們江下游左岸畀俄（自沙草峯至江口悉屬俄）海疆既失此一綫咽喉猶不能與鄰共（江右向屬朝鮮劃地後江口兩岸俱非我有）因是形勝全亡而一省之商業軍事交通亦胥失其勢今縣境三面密邇日俄（東以土薩拉帕四界碑爲中俄界）褊淺暴露難語國防農田墾闢多在琿春河兩岸上游又爲白山東幹穆克德亨餘脈所環帶鳥道僅通祇台站所經作東西孔道而大盤嶺巉巖橫阻尚爲畏途（冬季常假道韓境鍾城偏臉城）

（附錄）琿春商埠爲中日東省善後條約自行開放十六埠之一埠地業經勘定埠界尚未區劃建置絕無近年當事正在計畫中餘詳吉林縣商埠欄

治城西門外廛市尚盛並多日韓商肆上年春當事允駐琿日領之請以貿易圈之性質闢作互市地

中俄界線延長二萬里以縣境陽舘坪之土宇界碑爲東線之起點當咸豐十一年勘分新界時俄人欲以琿春河爲界清侍郎成崎以河西多旂人屯堡相持二十餘日俄始東退以長嶺爲界故嶺上薩土等碑之界線獨渡河而東（以上據胡傳氏說）然界約記圖們江左邊國界距海不過二十里是當時立土字界碑自在圖們江口之中間乃成琦畫押之圖界外劃入俄領者幾五十里至光緒十一年吳大澂勘

界至此界碑已失勉强執持爭回者祇十八里吳因仿伏波故事建銅柱於今土字碑地點而刻銘其上曰疆域有志國有維此柱可立不可移乃未幾已爲俄人遷入伯力（俄名喀巴羅夫）作博物院陳品矣

縣東瀕海港岸紛歧與俄領海參崴毛口崴兩港本犄角之勢咸豐之季俄廷志在攫我東海沿岸以爲遠東軍事之根據故竭盡捭闔手段兼施詐術是時中國適有長髮之亂乃力言其大敵之神威請易我烏蘇里江以東土地清廷惑之遂輕許割界（說本胡傳海參崴通商論）

附 記中俄界務交涉

俄人侵略遠東撫有西比利亞土地尚在前明之季（其前爲元成吉斯汗子拔都之後裔）估有自明季俄酋宜萬三世雄强有韃靼種大盜月爾馬克（簡稱月馬）攻破庫程汗之都會瑟畢爾獻之宜萬元裔遂衰悉畢爾今俄領拖慕司科也西比利亞名稱即瑟畢爾之音轉當彼羅馬諾夫皇統開創之世（民國二年俄舉皇統創立三百年紀）

念今廢皇尼古拉士第二爲第十八世君主）藉月馬之功始啓東封其後略地東方槊雅克薩城於江岸清聖祖派兵力阻訂尼布楚界約六條（即聶爾臣斯科）彼仍未能逾混同江南下及咸豐元年俄將巴拉諾夫（宮書作岳福）調查太平洋沿岸至薩哈連島一周又派奈威里斯啓探察黑龍江口翌年又令阿夫鐵繼之還報照尼布楚條約自格爾必齊河東迄太平洋數千里國界迄未劃清且江之下游絕無清人足跡實乃無主地於是巴拉諾夫以吞幷我東徼自任咸豐三年始請於清廷在未定界地方會查分界提出地圖百端嘗試謂格爾必齊河起凡興安嶺陽河川俱應屬俄即有劃江爲界之議又以防備英法爲詞行舟松黑二江登岸架礮用以威嚇前清疆臣奕山景淳計無所出清文宗曾有烏帶河一帶國界姑可勘議之諭時仍夢夢也（河在外興安嶺北向屬共管

地）八年八月俄乘英法入粵清廷恇擾巴拉諾夫驟向奕山求割地奕唯唯聽命遂訂所謂瑷琿條約三欵是約程式本不類國際條約直是被强力壓迫之具狀（國際法學別是種爲取極書歐陸各國罕有其例）而黑龍江以北果爲俄有顧東自烏蘇里江迤東至海猶訂明作兩國共管地（額爾古訥河北入黑龍江之匯口以西至今仍是康熙二十八年尼布楚界約之舊界以東迄海則割讓於此役）

咸豐八年瑷琿訂約之際正英法北犯之時俄以調人自居絕無何效而所獲利益乃過英法遠甚中俄天津條約第九欵載從前未經定明邊界由兩國查勘清理補入此次和約之內按黑龍江北岸瑷琿條約既拱手相讓劃江作界尚有何界之未定錢念劬界約斠注謂定界一語即指烏蘇里江東而言爲繼續侵占之張本故預留補入此次和約一言循繹前後殆係實情

咸豐八年各國條約有俟御筆批准以一年爲期彼此在北京換約之文九年五月換約期届英俄兵艦突入大沽不遵約束爲我擊敗十年五月英法再進逼北京俄師從之議款後所與俄國續訂之約即載明界以烏蘇里松阿察二河以東地於是璦琿條約所指爲共管地者是時乃再割隸焉約又載順黑龍江至烏蘇里江會口上迄興凱湖至白綾河口（今屬密山）順山嶺至瑚布圖河口（今屬東寧）順琿春河至圖們江口（今屬琿春）其東皆屬俄故自此吉省遂無海岸以負山瀕海之區變成交通四阻之大陸（江寧陳世宜言俄乘我咸豐庚申髮匪擾亂屢以大砲助戰易我烏蘇江東爲說清廷尚猶夷及聯軍劫盟乃安然達其目的）中俄未經開戰我師並未喪敗乃至割地求和俄人唯以恫嚇欺騙手段前後三年遽割我北界數千里盡有我海疆地球萬國所未有事也乃咸豐十一年清廷按約派成琦會勘新界由今同江縣至琿春縣以

俄國阿巴瓦噶達耶熱皆伊亦喀拉瑪那倭帕啦薩土烏字頭分立界碑二十處而靡一不照原約縮地無數界碑又皆劣隨便設置蓋成琦並未親蒞直任俄人爲之成氏所著勘分界約記多據俄文其爲謄寫俄人之圖本可以概見吳大澂奏議稱成不識是何用意誠屬慨乎言之原文見約章成案彙覽於是此次之劃界更可爲中國東北第三次無形之失地其後庚子拳亂俄兵一從瑷琿一從毛口崴逼道琿春會師瀋陽皆以此爲嚆矢也

光緒十二年吳大澂勘界與俄使喀咱切巴把諾夫重行商定即今日之國界是已計自圖們江左土字碑起至白稜河口喀字碑止共立九碑其土帕倭那啦喀六碑爲咸豐十一年原有薩拉瑪三碑雖列在成崎畫押之圖幷無立碑之事係是次增置者而土倭那三碑地段均經爭執更易所勘交界道里凡分六段自圖們江下游土字至長嶺之天

文台爲第一段再至蒙古街之啦字爲二段再至瑚布圖河口爲三段冉至那字爲四段再至瑪字爲五段再至白綾河口之喀字爲六段每段各爲一圖又於六段間增立記號二十六處此東界割棄以及重勘之大略也　餘散見各屬界碑欄）

俄既得志乃急起直追遂駐固畢那托爾（俄都督名）於東海極邊之奇吉（繼遷廟爾三遷伯力己在光緒十年）便令巴拉諾福充任界以顯爵大概我黑龍混同烏蘇里三江以北以東地喪自喀巴羅夫巴拉諾福二人之手爲多現在俄人即名伯力曰喀巴羅夫並鑄像於伯力江岸一手持地圖一束一手指江流所以銘其攘我江左之功也又從前松黑烏三江俄以兵艦三十四艘編成遠東獨立艦隊內有一艘即名巴拉諾福最精堅歲修並有特別費則以表巴氏吞併吾吉林東土之烈也

附

## 圖們江航路交涉記

咸豐九年十年棄地之約已成舉黑龍江北烏蘇里江東數千萬方里悉畀於俄並最南之圖們江口亦不能保留一綫之交通蓋所謂制命之傷也江右屬朝鮮左爲吾國國境自後左岸自土字界碑迤東便已屬俄由是至海三十里左俄右韓兩岸均非我有而民船向尚能出入自由俄國方面固有璦琿條約足據約載兩國人民任便往來日本則承朝鮮時代之舊亦尚未設如何苛令宣統三年吉省當道乃招南中巨商組織圖長航業公司將以開上海琿春間之航路挽回吉省一部分之海權官商共投資三十二萬六千兩以客貨無多請於郵傳部兼辦東溝木植意在林航兩業兼營遂訂租圖瑞圖琛兩輪是年四月始遣圖瑞由上海來航四日而達泊江口外韓岸西水羅海灣進泊江口以江淺難進

令小輪載煤入江十里商明日本稅務長借碇韓岸之土里另以淺水輪探道進航十里餘卸煤江渚其地仍在韓岸造山龍峴之間更上駛十餘里乃至我界沙陀地方而公司購存之木排悉停放土里翌日正欲運木裝輪出口韓岸慶興府之日稅務長忽來禁阻不得已折回報由吉撫咨外務部向日使交涉該使稱慶興稅關以公司存木地非通商口岸是以阻運並無扣留汽船之事詞部中又以公司誤會請將已經停泊韓境之木材通融運出覆稱業飭稅關以此次爲限准其運出迄七月間公司乃再遣汽船入江運回存木詎日人仍百計阻難不得已運至三分之一仍行停運耗費更巨時吉撫遂以兩事函商外部一請部向日使聲明此後公司如無違他項特別專章僅止運料通過不得阻止一則舍去日本專向俄國提商許以他種利益將中東路請撥

伐木地段及拉哈蘇蘇佔地造房等事概行允認（見後）我得在俄岸租地停輪裝木日人自無從撓阻時外部復稱此番運木被阻謂係不開港之關繫並非禁阻通航以後如不在韓岸存木但事行輪彼自無詞可藉至俄境出入中俄本有協約利益交換究屬非計此後應另擇合宜地方使日俄均無可掣肘於是此計又阻而八月間武昌革命之事已起該公司乃稟請抽回商股而虧耗已及十四萬兩此案遂從茲埋沒據延吉道尹稟報日使阻撓之說悉係遁詞歷年我存韓俄界之木材常以帆船運至海參崴清津各埠均無異詞但江口形勢實無良港如爲久遠計非借用朝鮮西水羅碼頭實難適當至江中航綫訊之公司亦云初次試航係節節探道尚無一定必俟後再探方可設置燈標蓋是次失敗在日本之猜忌而當事者於組辦之初地理上昧於研

究亦一原因從可知海權一失欲得一線航途爲交通根據已處處受人挾制卒無成功而咸豐間畫江之役乃至沿海岸二千餘里無數之良港一旦授人可慨也夫

東寧縣東北距省一千四百里

縣治名三岔口始設廳治由甯古塔城析治於此因名東甯

（沿革）渤海爲率賓府境金屬恤品路明爲綏芬河地面置率賓江衛清光緒三十三年設綏芬廳因地僻道阻僑治甯古塔城宣統二年析境移治改名東寧廳今改縣

（形勢）東淸鐵道東至交界驛又名綏芬驛俗名五站俄人名爲博克拉尼那耶出中國界縣境縮其口實商業交通之衢路顧東面鄰俄界碑從帕字至倭字有瑚布圖河之縱流爲天然界線由倭至那字則山嶺綿亘百數十

里悉憑封堆記號而日憂侵逼近年嚴禁種烟奸民相聚界上廣植罌粟爲避中國官府之禁令將記號日向西移縱界碑不徙而界線已如弓字形他日界碑一徙恐更釀難解决之交涉境內山林甫闢民盡新遷農鑛亦正萌芽萬鹿溝產金新墾田畝在大小塞忽河

（附錄）倭字碑原立在瑚布圖河西光緒十二年吳大澂重勘時碑已移立小孤山頂距河二里是否俄人潛移俱未可定經吳援咸豐約記爭執始復其所據江寗陳君世宜說

前淸光緒癸未甲申時俄人擬修鐵道通我東省其謀已亟聞最先計畫擬由恰克圖通張家口以拊我京師之背旋爲蒙王梗議而止繼擬由海蘭泡（俄名布拉郭威什臣斯科）通伯都訥接奉天又擬由璦琿入境經富克錦站斜抵圖們江此線意在鈐制東洋堵截日本之門戶又擬順黑龍江東岸至徐爾固又順松花江至伯力再

沿烏蘇里江東岸南至海參崴此計畫線即今阿穆爾烏蘇里兩線也(阿穆爾鐵道五年前告成)

中東鐵路至縣境之交界驛出我國界一百四十里通過車站四乃與烏蘇里線之雙城子站連接由此南達海參崴計二百零四里北至伯力可轉出阿穆爾線故雙城子一站實綰東北交通之綰而我東甯縣境遂居國防之要點焉

烏蘇里鐵道創於一八九二年俄廢皇尼古拉斯二世時猶爲太子曾來遠東於途次手掇一石以行開工禮閱五年竣工（一八九七）其自尼古拉斯（雙城子）至博克拉尼那耶之支綫則又後二年始竣此路橋梁工程最巨如利浦河伊曼河畢克河克雅河哥爾河橋長有七八百尺短者亦達二百五十餘尺伊曼停車場並有枝線通至江畔革拉

夫斯克冬季撬車出發點也

海參崴今俄人改爲軍港地勢向西南突伸實一土股乃扼黃海東海之咽喉我國割界於俄竟成彼遠東重鎮華僑向以此爲聚點五六年來苛政疊頒對於華人人頭稅貨稅地稅重重束縛今幸時局變更我駐海參崴領事據約爭執所有苛例已次第刪除惟俄亂未弭國際多故此後遷變未識又復何如

自烏蘇里江以東迄乎東海皆俄國沿海濱省其間大埠除伯力雙城子外若王寶山（俄名倭子德爲仁斯科）沙河子（俄名果耶夫克）快當別（俄名圖力洛克）南抵海參崴幾及百處十年前華僑統計不下十萬皆勤苦企業不携家室尤以娶俄婦爲戒大半至冬輒携一年積貲而歸山東登萊人最夥直隸永平等地人次之由伯力溯江愈向南行墾地愈闢平原村

屯牧廠果園位置井井此地劃界於俄僅五十七年而已為俄遠東寶庫緣前歷代俄皇皆取鷙外政策以侵略為國是竭內力以經營荒徼於交通墾植積極進行故也（戰爭前一年預算移民費每年二千七百十萬俄元移民七十萬人）俄國對我華人苛令固顯背一千八百五十八九兩年中俄條約華人在烏蘇里江東居處漁獵不得侵礙之文奈國勢積弱僑民劫於積威至俄國革命之頃驅逐垂盡矣考俄沿海濱省一帶施行此種虐政實始前清光緒十一年三月有俄奴文殿奎者為虎導倀乃遂作俑先前吾人往來居留俄土初不知有身稅也文居海參崴倚俄橫暴而粗識文義俄官時用華文告諭僑民皆文為捉刀故益得俄人信用至是乃教唆俄官勒令華人按名取票納錢充稅商人持華官出口執照者稱商照以及設鋪營業均有稅例即沿邊商民偶往

彼境亦須領照俗名小票身稅始行於海參崴繼遂徧及各埠今雖漸就撤消然亦吾國對外歷史上一重要故事也聞當時爲倀於俄以媚外起家者雙城子有孫福伯力有紀鳳台紅土崖有崔明善等皆文殿奎之流亞云

雙城子以東西二城得名滿洲古城也（相距四里許）俄人以西城不吉半爲葬地前清一統輿地圖東城曰傅爾丹西城曰朱爾根有古碑一在東城字跡剝落僅存其台二字台字旁寫疑左半字已蝕又有一行存寬永十三年湖北進馬九字（湖北殆指興凱湖北今密山縣地相傳馬字下尚有三千匹三字今已磨可滅辨矣）碑承以贔屭旁一古墓舊有石人石獸早被俄人毀棄碑石亦中斷距墓丈許又有古墓一閒昔年俄人曾發掘丈許無所得乃止

按寬永係日本後水尾天皇年號當明季天崇時代適日本豐臣秀吉征韓以後據日人井上氏東西年表日與朝鮮構和在寬永紀元前十六年碑文所記貢馬事論者必疑朝鮮之關繫其實自高勾麗滅亡後朝鮮疆土迄未逾圖們江北雙城子更北進千餘里是與韓人斷然不涉余意日本自來諸藩專政戰爭之事各不相謀（明代倭寇悉薩摩藩爲主動是其明證）在明季世必有一部分兵力跨海西略證之濟密彌人向西山國穿官之事（見後）亦其一證又今海參崴東北七百餘里華名蘇城溝有古城土人謂係寬永帝時大將建牙之所（據枝江曹氏說）似日人振勢於東海之濱確有依據特翻日本國史訊之彼邦史學專家俱不能道其所以姑附記於此以存疑

附　**烏蛇溝爭地案**

烏蛇溝圖志作瑚布圖河（又作無沙）爲南北經行之河流然河東確又有大小烏蛇溝兩支流土人遂於經流亦混名之曰烏蛇爲中俄天然界線（是河北匯綏芬河出俄界入東海）前年縣治迤南淤張沙洲二段（俗名夾信子）經民報領俄可薩克退伍隊官欲佔取之民國二年原領墾戶在此種煙被

罰俄官即以雇工受損請求俄使索賠正爭持間該縣知事已以承認賠償不究種煙兩議與俄官商結此兩段沙洲遂無異認爲俄領與以確証

## 甯安縣 東北距省八百里

當部落時代地名甯古塔貝勒寧古塔滿語數之六也貝勒部長也時牡丹江下游又有依蘭喀喇則言彼爲三部此乃六部也

（沿革）地爲肅愼之故墟其後爲挹婁（當中國後漢時）爲勿吉（南北朝時）至粟末靺鞨大祚榮建渤海國始立都邑號爲龍泉府（唐書稱忽汗州）遼爲天福城旋移其民而墟其地金呼爾哈路萬戶元初呼爾哈軍民萬戶府明奴兒干都指揮使均治此東北野人諸衛悉歸統轄清順治十年設昂邦章京（在今縣治西五十里之古城今城係康熙五年建因稱古城爲舊街）康熙初改設

甯古塔將軍十五年移駐吉林仍設副都統於此雍正五年置泰甯縣（屬奉天府）旋廢光緒三十二年裁副都統僑置綏芬廳宣統元年移廳署於三岔口改名東甯廳設甯安府今改縣

（形勢）西憑畢展窩集（畢展滿語折斷之謂）中貫穆丹烏拉（即牡丹江）而臨據上游柳邊以外能據地自立具有國家之模型者首推渤海故此地為最古之都會氣勢實最雄闊特自渤海以前其防禦在南（三國時毋邱儉征高麗及後高句麗與渤海戰爭其軍皆由今奉省海龍一帶侵進）遼金以還始重西守顧遼滅渤海不知保固此險遷移舊民空虛此地卒讓女直竄穴於茲為滅遼張本明初招撫野人遠迄苦夷（即庫頁島）特置都指揮於此鈐轄四面誠得控制之宜矣使明宣宗以後不失雄圖邊事慮不能敗壞若是今縣境農利浩穰麥產之美甲於東省兼之交通便利（東清鐵路橫貫北境舊有站道從西南縱行東

北兩綫橫午談省東形勝應首屈一指

（附錄）寧古塔商埠爲清光緒三十一年中日東三省善後條約開放十六埠之一亦屬自開商埠迄今埠界尚未分劃一切建置均未著手

鏡泊湖又稱畢爾騰湖位於縣治西南省內湖澤推此爲巨浸長九十八里廣二十餘里者狹處不足十里兩岸山如崇墉中有老鸛道士大孤小孤四山道士小孤兩山之間有巖曰眞珠門大孤山矗立湖中爲圓錐形高出水面七百餘尺湖西南大巍呼河（即勒富善河）入焉交匯處有一崖曰呼克圖峯湖水自東北瀉出飛瀑跳空聲如駭浪滿語曰發庫俗名弔水樓札津松吉阿布畢拉罕諸河環入於湖以故湖濱之地土沃宜農湖產鯽魚最有名

縣西南有德林倭赫者滿語倭赫石也通稱石頭甸子分南北二支北支起自鄂摩和湖（又稱小北湖）之東南繞沙蘭站南支起自牛廠盤紆東京城之北而同迄於呼爾哈發庫之下廣數里二十餘里不等其長計百餘里石平如砥孔洞不可數計圓方狹廣形狀各異深或數尺以至數丈中或有泉澄然凝碧常有魚躍出上產黃蒿松甚茂車馬行其上如聞空洞之聲是蓋水成岩之特異者頗足供地質學之研究

甯安西南七十里有極大之古城周圍幾及四十里城址往往有可認者洪皓松漠記聞所謂肅愼城而唐代渤海大氏故都龍泉府是也唐書渤海王都下臨忽汗海今古城西南緊傍鏡泊湖頗得形勝土人稱爲東京城常於此掘得古錢古境內有土壘形如三塚相傳

爲金代某妃墓千年前古城留存遺迹者吉省中要當推此而附近一帶古城尤多在此城西南二十里上馬連河者周約六里在牡丹江右岸哈達灣者周約二里俗呼高麗城又正北距縣治百五十里富太密地方城周二里正北八十里三通河南有四方形之古城一

按滿洲古爲城郭射獵之民族與蒙部逐水草遷徙者不同故即吉林省中古城之遺留於今者不可勝數猶有睥睨巍然者或僅留存隱約又有遺迹已湮而土人仍相習其名稱如石頭城子小城子半拉城等類尤往往而是可見近古時期其城尚存在也大抵地方愈墾愈闢古時建築愈湮恐再閱數十星霜欲問當年城郭之殘形益難尋覓余所考見之古城且多兩城並峙今省東如松花江下游及俄領烏蘇里江右岸則所見尤多意古時必有兵事或國界之關係治遼金史學者抑最要之根據也

## 敦化縣東南距省四百七十里

土名敖東城敖東滿語本音作鄂多哩又稱阿克敦爲滿洲部落時

代之舊城設治時因名敦化

（沿革）渤海建州元置斡朵里萬戶府明初設建州衛清始祖覺羅部貝勒居此與今額穆縣同爲俄摩賀之野清初亦隸轄於額穆赫索羅佐領光緒八年另建城於舊城迤西二里設敦化縣今仍之

（形勢）控牡丹江之源境內河渠縱橫畢注於江沿流而下足奪甯安之險論大陸交通東南一面復當延邊之衝但地势稍偏必合額穆而成軍事區域方臻雄固前清之興自攻取三路後（見後）始剪烏拉之翼兵力乃極於扈倫四部近年吉省郡縣次第開闢縣境設治較先故生聚日繁農利已啓使異日南通樺甸之道暢行則利吉奉之轉輸企圖荒之實業地理關繫或以遷變而彌重歟西南越牡丹嶺沿古洞河跨頭道江沿濛江西進處處與奉省接

（附錄）縣城東二里餘鄂多哩古城亦名額多力敖東即鄂多哩之縮音也土人於此往往掘得高麗常平錢滿洲通誌清始祖所居地在牡丹江右鄂多哩城去寧古塔西南三百里許證以地望地名即是此城已無疑義城緊靠牡丹江右岸方廣各約半里許週二里餘東南一門正傍江邊四角睥晚猶隱然可辨每面城垣間有一高阜若瞭臺然半多頹圮存者高尚丈餘內又有土城惟一門南向其中土壘高低已無遺跡可認城外有一水泡流出之水由西而東入江料係當年隍塹再江左岸東南約里許有一高阜週圍數武有石礎二十三分列三排石高二尺餘作六楞形四週荊棘叢生過此有一廟係近代居民所建非古跡矣置石礎之阜約高三尺餘獨隆起不與他處地相接登此北眺南老城即鄂多里城亦呼爲老城恰對其南門有謂係

當年倉庫遺址而荒遠無稽矣

額穆縣東距省三百八十里

縣治舊爲額穆赫索羅台站額穆赫轉音爲俄摩賀滿語水濱也索羅滿語十人攢戍之所也

（沿革）元爲開元路海蘭路分界（限廣才嶺東爲海蘭路碩達勒達女眞遺族所居嶺西概屬開元路）明爲斡朶里衛禿屯河衛（今名退摶站）明季爲愛新覺羅之本部後役屬於烏拉部（清太祖五世祖肇祖時遷居建州右衛赫圖阿拉地方（今興京縣）是地遂爲滿洲別部所據稱鄂謨和蘇魯路與赫席赫路佛納赫托克索路同稱窩集部附於烏拉萬歷三十五年清太祖命巴雅喇攻取之盡有三路）清初設佐領管轄台站旗丁宣統二年設額穆縣今仍之

（形勢）長白山西北山脉起頂爲牛心頂子穆丹嶺富爾嶺（樺甸敦化界）至縣境乃氣勢團結色齊窩集（一名穆魯窩集吉林外記塞齊開闢也窩集林藪也穆魯山梁也嘉慶二

十年將軍在此祝嘏改名嵩嶺縱貫突高即張廣才嶺逾嶺迤北又分兩脈一東北入寧安同賓爲螞蜒畢展諸嶺一西北入舒蘭五常爲玲瓏諸嶺儼然作省東天險足以鈐東南東諸路而嶺南北諸水俱爲江河之源北麓拉林河出焉南麓之東朱爾德河爲牡丹江之旁源南麓之西拉法河入松花江四面挾建瓴之勢驛路自省東出逾越兩嶺縣治適縮其東口亦頗得形要焉

## 依蘭道道尹所管

### 依蘭縣

治依蘭道道尹駐所東北距省一千零四十里

縣治舊名三姓滿語依蘭謂三喀喇謂姓縣名乃截取上二音者

吉林外記三姓者努雅喇克宜克勒祜什哈哩三族赫斤人所居考祜實哈哩河流名今寧安縣東北十餘里尙有胡什哈屯明實錄永樂十三年以部人吉塔斯爲兀思哈里指揮同知是也滿洲源流考云崇德四年祜什哈哩部長納穆達里入貢

又考今富錦縣治西十五里有古城一名夫替活呑其旁近地今亦名夫替岡有赫斤人百餘戶居此因又名夫替大屯此城爲古時東方四子部之中點前淸遼祖實居於此(據羅刹外史)四子部者一爲愛新覺羅部其餘三姓所居卽今依蘭縣是

(沿革)遼金五國部地元設萬戶府五一曰屯明爲和屯衛有淸末起以前稱此地爲和屯噶珊之野康熙時三姓貢貂各編其族長爲世管佐領五十四年置駐防兵以協領管之雍正十年設副都統光緒三十二年裁設依蘭府今改縣

（形勢）縣治當牡丹松花兩江之匯口而東納倭肯河之巨流倭肯即和屯之音轉金史作和倫隱竟德列傳世爲和倫水部長是也水源出屯窩集爲省東最大分水嶺嶺東即撓力河源今其地山林尚未開闢三川襟束形勢之要高掌遠蹠贔屓之宮室依蘭表其嶢闕甯安則巍乎巨廈也在昔渤海都於龍泉（見前）是間建置惜已無徵度必爲重險無疑也瀕江土沃宜乎農墾北出與江省佛山蘿北各屬遠接氣勢女直常於此阻斷遼使鷹路爲東陲之梗今沿江東下樺富同綏四屬並此焉綰轂故稱省東要塞焉

（附錄）三姓商埠爲中日東三省善後條約自行開放十六埠之一指定縣治南門外爲埠地而埠址尚未分劃一切建置均未著手餘詳吉林縣商埠欄

中東路建築之初俄監工要求在縣境對江古城今湯原縣界儲藏江運

路料嗣後爲江水淺阻乃改儲南岸就城西南空地佔用歷年既久築造營房駐有營官統轄沿江各埠護輪兵隊刻始由我國提議收回駐兵保衛航途

附　中俄松花江航權關繫

自西歷一八五七年俄與土耳其克里米戰役告終經巴黎會議定黑海爲中立俄遂東向太平洋亟求一迴旋之地并有獨擅遠東航利之雄圖故咸豐八年刼我訂立璦琿條約（詳情見前）即載黑龍江松花江烏蘇里河此後只准中俄行船又云居住兩國所屬之人令其一同交易官員等在兩岸彼此照看兩國貿易之人時松黑兩江已以左右岸分界兩岸各自設官而申言之曰彼此照看其爲界河無疑則今同江縣以上兩岸均屬吾土俄國行船不能逾此西進固已明已而俄人覬覦我

內地江權之念迄未稍懈同治三年曾遣江輪烏蘇利號載遠征隊大舉深入直抵吉林城明年二次遠航抵伯都訥今扶餘皆以華官不許沿岸貿易未能得當同治八年伯都訥地方復來俄輪德尼格拉夫號十一年黑龍江輪船公司更得其國庫補助組織商業遠征隊來航仍以伯都訥爲終點意終在沿岸貿易之權利適同治季年我新疆有回酋阿古柏之亂俄人平之光緒四年崇厚使俄請求返地與訂約十八欵伊犁西南兩境悉畀俄人且允松花江行船直抵伯都訥俄之蓄謀至是實現幸朝議不許使曾紀澤往俄改約第十八條載「按照瑷琿條約應准兩國人民在黑龍江松花江烏蘇里河行船並與沿江一帶居民貿易現在復爲申明至如何照辦之處應由兩國再行訂定」按崇厚原約許俄船越界駛向伯都訥是無異全畀以松花江內航權曾氏

以此欵實行吉江兩省腹地將被洞穿遂與力爭俄猶欲進至三姓曾氏仍不允約文中遂以再行商定一語了之據陳君世宜言曾氏所以不於此欵指定俄民松花江行船者爲攄加入一語即爲俄人國內行船增一注脚故斟酌約文時但引前約曰申明曰如何照辦再行商定非故意含混其詞也爲欲根本挽救令俄船一步不許越界勢已不能故大有隱忍之苦心不然黑龍烏蘇里久爲界河俄人行船沿江貿易斷不能禁又何煩再商爲也

清光緒二十三年頃中俄議訂東清路合同許公司以諸種權利公司輪船乃以輸運路料爲由公然駛進上游時政府方視爲一時的假道運航孰知界限一淆此二千一百零九里之江流松花江自吉林至同江縣黑河口里數如上竟與俄共且侵奪沿江港埠江航大勢折入於俄首在今同江依蘭兩縣江岸占地堆料分兵守護繼乃在賓縣侵占兩處一曰新甸駐俄兵二十名一曰烏爾河駐兵五方正兩處一曰德墨里駐兵十一曰瓜欄川駐兵五及

民國三年七月侵駐地點又見廓充計在富錦者一曰富克錦駐兵五五在樺川者一曰佳木斯駐兵五上兩處皆開江來駐江凍返依時交涉員傅彊得報提議交涉一面檄縣阻拒並禁人民租與沿江房地俄兵在樺富兩縣者遂結草架棚臥宿灘岸未曾建置營房然自哈爾濱以東而賓縣而方正而依蘭而樺川而富錦而同江俄兵侵駐之地凡八輪埠侵佔則有十餘沿江小輪埠無駐兵違約侵權事故叢生吉省東北路外患此居其一俄人佔地日見侵展如方正之德墨里埠擅圈民地妄稱租界且藉口德埠並瓜欄川大羅勒密二吉力均有中東公司租用地畝之圖而方正以外此類糾葛難以悉數至俄國商民之任意雜居偏留窒礙更無論已

哈爾濱以上迄吉林省垣一段航途則自同治三年俄輪烏蘇利號來航後亦自中東鐵路建築時公司始派輪自由來往初僅搭載在官人員久而該公司遂攬收客貨儼同營業所異於下游一帶者則沿江港

埠未有侵佔之處故駐兵之舉無自發生（公司輪船有俄護兵乘以往來）但其船籍除公司外商輪極少此段航途俄人向亦不甚注意以江流係屬紆綫流域以內又復鐵路橫午交通上暫無必要之價値也

吾國對於全江航利向以俄據優勢自處退步近年吉林官立之輪局哈爾濱之松黑郵船局均規模狹小自富錦以下便無華輪蹤影曩東省當道嘗有發展之規畫（光緒三十四年吉省委員履勘航途據稱濱江同江間長一千二百九十五華里沿江兩岸紅白標記三百八十一號以水信深淺不定多有移動應設浮標指示灘淺內以依蘭傍近六七十里間沙渻尤多俗稱三塊石者最稱險阻如設航路局當自哈而依而同江分立三處以便水信聯絡通報每處立竿晝用旗號夜用燈號又每隔二百里置船埠一輪舟需用火柴自可計程取用）宣統元年並有測勘吉哈間江流之議案（據濱江關副巡工司洋員額得志設計書稱吉哈間分三段測量自吉垣至老少溝至嫩江口至哈埠）先勘嫩江口一段以沙渻極多費時爲最也計分三年測竣除購置小電汽船及儀器外年需一萬二千餘元）磋磨數載均成畫餅今幸吉省商民羣知趨重航業集

股購輪航線遠者已及江省黑河頃烏蘇里江沿岸亦有試航之舉未嘗非刷新氣象則上述沿江港埠俄兵侵駐之事要其次第撤退固非難已

樺川縣東北距省一千三百十八里

縣治土名悅來鎮初擬設治於東境樺皮川倭肯河北故名

（沿革）渤海以還爲純粹之靺鞨人所居黑哲即靺鞨之音轉再轉又爲黑斤沿江有遼代五國部普利斯幼卜尤古城前淸爲不屬佐領之黑斤人所居

宣統二年設樺川縣於佳木斯三年因水患移治悅來鎮今仍之

（形勢）清代自三姓以東悉同甌脫縣境瀕江一面平原沃土比年開道置郵已成通道音達木河滿語音達木旺盛也北注松江佳木斯屯扼河之口爲江航之津埠縣南猶是萬山重疊人迹罕至林業未興貨棄

於地

富錦縣（東北距省一千八百里）

縣治富克錦站滿語作富替新即黑斤二字之轉音

（沿革）自昔爲赫轄地沿江有遼五國部越里吉城（對岸江省沿黑龍江有遼五國部鄂里革城）前清爲黑斤人本部光緒八年始設協領宣統二年就黑斤人原建甎城設富錦縣治今仍之

（形勢）沿江地盡平原倭肯窩集之山脈（滿洲源流考作屯窩集）經縣南東北斜上境內山嶺無多可供耕墾之地依蘭以東惟此爲富自哈爾濱以下華俄商輪集注於此墾戶尤易招徠南帶七里星河（滿語七里星肉核也）中有昂邦河（滿語昂邦大也）川原綺錯農利之饒已覩成績

（附錄）縣古代爲黑斤人都會黑斤即純粹之滿族現在山荒漸闢

而古代留遺之城郭要以此爲最多計古城之壁壘完具者縣境內尚有多處一名瓦利活吞（活吞一作和屯滿語城也）即越里吉城在西與樺川縣交界地北傍松花江建於嶺上蓋山城也一由此迤東百三十里有烏龍活吞古城今尚爲黑斤人所居土名卡爾庫瑪又縣東南八十里有古城二夾七里星河南北對峙是河今與饒河縣分界故南城已屬饒邑實爲最大之古城新來墾民但以對面城呼之

吉林改行省時旂務處曾籌安插黑斤人之策計口授田十年蠲其租稅使之生聚據查在富錦縣城黑斤人四百餘戶較百年前仍不加多以所生子女多半死於痘疫生活上太猥陋故也

按前清同治八年駐防琿春協領訥穆錦以地廣戶稀曾派驍騎校博興往今同江黑斤部（琿人呼爲肅城大溝）召來部衆男女二百餘是人不改習慣冬服狍皮

夏服答抹哈魚皮（琿人即呼此種人爲答抹哈人）擬編爲旗籍時值天痘流行死亡過半乃逃回僅剩十餘人居琿已四十年戶口亦無所增習慣與本地人仍各不同全恃捕獵爲生黑斤人何以患痘獨烈是亦生理學上之疑問

## 同江縣（東北距省二千里）

土名拉哈蘇蘇黑斤語老屋之謂中俄界記作圖薩克

（沿革）金爲黑水靺鞨明季爲使犬部之黑哲喀喇所居清光緒初始由三姓副都統編土著之黑斤人入旂分三佐領抽丁供役三十二年八月設立臨江州宣統元年升爲府民國二年改縣爲與江西省臨江縣同名因改同江

（形勢）松花黑龍兩江交匯縣治控制其間如鍵鑰然由此迤東江左悉入俄領（對岸徐爾固爲俄邊重鎮）更扼中俄之邊要國防重地無逾於斯但

無山嶺依爲險塞沿江砂土淤積厥田上上惟交通梗阻墾戶星稀縣治東至二吉力與綏遠分界道路未開中並有二吉力街津口大小橫河須架橋而渡西至古城子五十餘里沿江已有人踏之荒徑縣城漢民百餘家黑斤人十餘家十年生聚期於航權發展時耳

（附錄）縣境綰轂內江扼松黑兩流之口清光緒二十三年中東路着手之初俄監工向將軍延齡商借拉哈蘇蘇及三姓北岸（見前）卸堆路料並借松花江北流一段停船清政府以東清鐵路合同無此規定議駁而俄已自由佔用未幾俄商黑河輪船公司總管霍瓦甫斯基求租拉哈蘇蘇荒地三段遂與訂章八條承租人除公司外並有俄籍人每晌地年納租金二十吊文初次以二十年爲限限滿可續租由將軍派員駐在界內經理稅務章程中即名之曰租界但曾載明此章祇算草約嗣又被政府議駁謂外國商業團體無在內地商租地畝者俄外交官乃以房屋已成爲解約俟中東路

成拆讓旋逢庚子拳亂無人過問遂於佔地迤東建築兵房病院並設關榷稅三十二年省吏疊向俄領交涉該領以東海濱等省華人千萬並享租地權利爲言並請續租十四年洎乎結果但撤稅關是處佔地適當江流轉折瀕江處寬七百零一沙繩盡屬要衝華商街市偏在西面市况緣此無能發展俄人特作江輪往返給薪之所駐兵二十護衛航輪今年夏吉省當事提議收回佔地設立團部控制江航歷年放任之要地嗣後可期國防之生色焉

附 松花江水道記

江源長白山之北其源有二一爲正源二道白河一爲分源二道江二道白河出於長白山頂之天池池水西北瀉流八里半忽中斷由地中伏流約八里復湧出是爲二道白河之源東北流一百八十七里與二

道江匯（源有二一發源長白山一發源老嶺）自此以下始爲松花江之正流西北行二十五里至西江口與富爾河匯（發源富爾嶺凡大夾皮溝古洞河悉爲此水之旁流）又九里餘與頭道白河匯江流至此仍向西北趨時或南行又六十四里張三溝水來匯又十四里金銀鼈河來匯又西南流三十里里餘由是忽東忽西直向北趨三百三十九里而至吉林省城又東流六里餘又東北流五里餘至吉省之東關又西北行六十八里爲烏拉街又三百零六里爲扶餘縣界東清路綫陶賴昭車站在焉以下江道淺灘延亘長廣里許者三五又西北約二百里爲扶餘縣治又約六十里而北納嫩江（自陶站至此詢之帆船篙工云二百六十里又云三百里因行旅由站逕乘汽車往哈爾濱鮮出此途無從得其實在確數）江自此忽隨嫩江流勢東折成三角形（江受嫩江之水而東折成一極大之半規形計南北道里以陸路之徑直比江道之迂迴幾及計一與三之比例江在吉垣扶餘間地屬上游水量甚少載重五百噸以上汽船已難行駛至扶餘一帶江入平原流勢展開河床愈淺風從大

漠吹來流砂沈淤水漲時航針微悞動膠淺沓積是原因航業難於發達此段故亟宜修濬內爲扶餘界江外皆蒙古地也江西岸爲塔胡靈木沼皆內蒙古郭爾羅斯前旗界北岸有廣福昭等喇嘛廟皆後旗界東行一百二十里拉林河入焉又東行一百四十里爲哈爾濱此段何流爲一百三十俄里一俄里差合法量啓羅邁當約二華里準此折合又東北行六百七十里至依蘭縣由哈東行二百八十里爲新甸係南赴賓縣口岸由新甸再東北行二百四十里爲德墨里係南赴方正縣口岸再東行百五十里即依蘭縣治舊爲三姓城又東北七百二十里爲拉哈蘇蘇即同江縣由依蘭東北行一百九十里爲佳木斯前樺川縣設治於此又四百里爲富錦縣又三百三十里半同江縣江流至此與黑龍江並合爲混同江其交匯處名黑河口在縣治東十二里松黑二水流勢相若無能軒輊如以流域長短言則黑過於松銳兩江既合江流乃直向東北似黑龍江流勢爲松花江所奪者故卒不能定何爲經流名以混同最爲允當而遼金諸史則於松花江之上游亦號混同松花江至此爲止源流計二千七百九十里自匯合黑龍江後其勢益北折行五百八十里至綏遠縣東之通江口而南納烏蘇里江有伊力戛山綰轂兩

江之口再東爲耶字界碑即中俄分界處

綏遠縣東北距省二千五百里

（沿革）明爲使犬部之黑斤使鹿部費雅喀之部落清代迄無建置宣統二年三月始設立綏遠州今改縣

（形勢）縣境三面隣俄扼烏蘇里混同江之口中俄耶字碑所在國家版圖東北盡此縣治在依力戛山東北荒陬乍啓氣象單寒縣城商店祇數十家民國二年墾植會專員調查縣城西阻濠江東礙哈湯交通殊困勘得牛馬處克勒木山中間有橫岡一道氣勢團聚且與俄領伯力城遙對東道直通將來有移治之必要然僑居伯力華商從前困俄苛令伯力爲俄屬沿海濱省都會東距縣治百七十里久思遷市誠得其人招撫之不獨農墾抑商業地理必爭之點今烏蘇里江方議行輪溝通東道固圉實邊或有進行之機乎

（附錄）清咸豐以前混同南北烏蘇里之東均我版圖祇因無人過問聽其所爲至咸豐十年結割地條約當即以兩江爲界竪木質界碑於混同江南岸日弁溝地方是處固控制兩江天然界劃也後俄人乃私移於烏蘇里江斜向西南之青牛河北顧猶在江右也是爲第一次嗣又越江沿岸而西移於烏蘇里左岸之包寶山復將山鑿平而木質界碑並已拋失是爲第二次然包寶山猶在松花江沱流之東距通江尚遠乃光緒十二年二次勘界頃俄遽飾詞欺弄悞通爲同指通江即爲混同江因另立石質界碑於通江東四里餘數十年來江水衝激堤岸塌陷界碑行將倒入江心俄更乘此又移植於通江西南三里之高阜用紅磚砌磴即現在之界碑是也碑長方形高七尺寬三尺二寸厚一尺一面鐫耶字界碑四字旁鐫光緒十二

年四月立又一面則作俄文之E而江岸下界址尚存木樁痕儼然可認對岸俄屯驛音郭查即歪彼重鎮也

界碑自東北而西南愈移愈逼由是兩江匯口沱瀦悉成甌脫從前依天然江流爲界本如曲尺形茲已幻爲A形故兩江縮轂處三角地點主客儼然易位俄於烏蘇里江東舊有稅關嗣於黑瞎子滯對岸碇有驗照小輪更在江北設立新卡重徵貨稅凡華船從上口繞避至下口以出混同江或由滯上口繞赴烏蘇里江者緝獲均予苛罰即空船不免民國二年吉省當事以俄人此舉施之國際河流無理已甚嚴辭抗議俄伯力總督乃稱並無徵稅事而擾礙如故縱遠饒河虎林各屬至今荒蕪墾戶寥落實極大原因現在烏混兩江華船均已航通上項障礙殆可撤除然毖後懲前界碑南徙之事安可

不亟圖勘正乎
伯力或云即唐勃利州地實係附會當未劃界俄人前其地一片荒漠僅有魚皮韃子五家居之今茲五家亦在僑民之列昔年曹彝卿君奉檄前往謂其老者尚存道及當年景象彈指樓臺眞如夢境也全埠據山之巔下扼烏混兩江山坡起伏最前曰南岡俄督署建焉次曰中岡次北岡最後地曰下衡華僑向不及萬人近被驅逐已不存半悉居下衡全埠共三萬餘人俄人居十之七而平時俄兵乃有萬餘有博物院壁上掛赫斤土人器物不論精粗無一不具并肖其男女形態而衣之以衣其留心於赫斤之風俗習慣蓋又如此
伊力戛山不高而秀烏蘇里江自南來匯於混同江遠遠環抱現綏遠縣治即設山上其地農業爲沍寒而稍薄多藝瓜蔬緣東距俄國

沿海濱省會伯力甚近（俄名伯力茂爾司卡耶伯力沿近也茂爾海也）俄之固畢那托爾駐焉種售頗易獲利山之東面有名馬牛處者宣統元年俄人於此鑿取花岡石遵吾國鑛業條例呈准吉省官廳訂有條規十二條限五年內鑿石二萬古板（俄量）每古板納稅三盧布山份一盧布未屆原限即已停辦

縣境民氣淳厚外隣國而內同胞之意隱然可見緣密邇俄土彼中苛虐我僑民徵稅繁重激刺已久吾國於此向直視爲棄地比來開荒設治稍稍拊循故愛國思想人人皆切設治頃丈放街基伯力華商爭來領購更因伯力稅重羣願於此爲商貨積貯之所他日誠能徠商興墾前途發達未可量也

饒河縣 東北距省二千一百四十里

縣治土名撓力河滿語禽鳥衆多地曰諾羅轉音爲撓力設治時因諸音生義而名

（沿革）明初爲奴兒干都指揮使所管之尼瑪河地面後爲渥集部之諾羅路前清開國方略天命元年八月招取南岸之諾羅路及使犬部之音達埠路是也（音達埠即音達木今樺川縣境之河流）清初以還爲三姓副都統所屬貢貂黑斤人所居宣統二年創設饒河縣今仍之

（形勢）縣治扼撓力河口被山臨流適居烏蘇里江中點（東北至綏遠三百餘里沿江有橫岡岡畔多腴土西南赴虎林四百餘里河渠縱橫絕無蹊徑）溯河而上航途頗暢（由河口至烏爾根德可駛小輪再上通密山富錦界能行風船）設險置防可與同江形勢互爲犄角移民開墾可供邊徼儲胥厥田饒沃惜瀕江民人但效黑斤漁魚慣習內惟編江磖子農事漸興而擾於邊氓（東邊有一種游民傳食農屯鬥很犯法盤踞累月不敢稍忤此風以饒河

爲最有齊勒欽最大林區而棄同榛莽齊勒欽亦作七里星縣治土名呢嗎河呢嗎滿語山羊也七虎林河滿語本音作希忽林河縣治在河左岸因名虎林

虎林縣東北距省一千九百里

（沿革）明爲尼瑪河木倫河地面明季在烏蘇里江東爲奇雅部江西爲木倫部滿洲氏族源流考居烏蘇里江兩岸者木倫部又東二百里居尼滿河源者奇雅喀喇考木倫河即今穆稜河源流俱在江左尼滿河即今呢嗎河源流俱在江右淸咸豐十年後江左地已劃畀於俄淸宣統元年設呢嗎廳旋以呢嗎河皆在俄界名實淆舛二年改名虎林廳今改縣

（形勢）縣治東臨烏蘇里江交通大勢已折入俄境我界轉蓬蔀自封由縣治過江適當呢嗎河入江之口溯河即至烏蘇里鐵道伊曼車站委爲盜藪沿江岡巒起伏盤岡爲井苦不得泉岡畔時虞水溢故哈湯獨多足碍行旅江岸森林

不成片段迤西自阿布沁河至外七里星河與饒河連接乃得大林區焉但設險守國此爲要塞吾漢族蹤跡至此最早（縣署西南有關帝廟額題嘉慶己巳重修是至近漢人居此已有百餘年）而至今墾民尚少

（附錄）縣當烏蘇里江流域之中呢瑪河口適當縣治對岸考大穆稜河北有七虎林河又北有山今縣治即在此山之上（山下土名下水牢）河流環帶對岸俄境亦有一山臨江下瞰形勢與綏遠之伊力戛山極似沿江山脉蜿蜒此焉結聚惟由此北赴同江縣治南往密山跬步必假道俄境我界墾戶星稀山深道茀以故人民如須他適必橫渡過江溯呢瑪河東行十五里至俄站而後征途分南北由站南行五百四十里爲俄站雙城子繁盛爲伯力之亞凡赴密山府者多由此下車反折向西北從陸路繞出俄境三百里（快當別西十三里爲中俄分界）入我界

又烏道七十里而至密山縣治

密山縣東北距省一千三百里

土名蜂蜜山子係漢族移墾後之名稱縣治在山南

（沿革）渤海湖州地遼仍之遼史湖州興利軍刺史渤海置兵事隸東京統軍司統縣一長慶明爲松阿察河地面前清光緒三十四年創設密山府治設治頒官署報部鑄印原作密山印文頒到乃改作從山之宻遂仍之民國二年改縣

（形勢）縣境林縣西南秋皮溝上黨黃窩青溝嶺皆爲極大林區省東稱最鑛興隆溝金礦漁興凱湖近人稱爲魚海虞以花鹿康達罕爲特產皆夐絕東邊農利饒沃並於三姓古董林內原隰高下水草豐美又天然之牧場也縣治阻山帶湖兩面臨俄最爲形要他日河航疏鑿灌莽闢除聲援四接自成大邑惜乎南境被俄潛侵不亟實邊墾以固圉

（附錄）縣境南以白稜河爲國界河小如溝秋合淺涸至無可辨認從前界稜在河南五十里準興凱湖之正中線分劃南北西有勿賽氣河卡倫爲識及後卡倫廢失吳大澂勘界至此乃立喀字界碑於快當別之西縮進五十里而爲今界然白稜河北約三四里尚有小河一道今之界線更移在小河俄又强佔我三四里焉

興凱湖水注入松阿察河行至倒木溝匯於烏蘇里江當咸豐十年河南地被俄佔有本劃河爲界樹亦字木質碑於小龍王廟地方後水張冲失廟亦坍塌至光緒十二年勘界欲在原處置碑俄乃堅拒亦終退讓立在河口北二百餘步（碑以六尺長淡靑石製成厚一尺廣二尺）於是興凱湖西東喀亦兩碑均非其昔湖之分界遂亦據此改作斜直線計湖淋之爲我有者僅在北端得全湖三之一

耳

通接密山之道有四均約四百里一出虎林縣從東北而西南（見前）一由穆稜自西南至東北然蠶叢曲徑非嚮導不行若由俄境乘汽車一出雙城子里程見前一出東甯縣界外之四站四站至密山二百九十二里則程途較近交通亦便故行旅往來靡不由俄境者國權地利殊爲兩失顧研究虎林與穆稜國界内兩路荒僻胥同情形仍有稍異穆稜爲中東線所經近邊而勢接虎林乃濱臨烏蘇里江倘徑向西南鑿山通道限於叢嶺非易覬成如繞出江東則仍由俄境故不若穆稜爲便年前官署曾發卒開山奈梗於半道靑溝嶺之奇險上下七十里水泉俱乏不終役而罷刻又有議踵事者然此道果通實開吉省東邊之門戶奚止招墾通商沾溉利益

密山縣光緒季年一荒徼耳縣治當興凱湖之北穆稜河之南面湖背河南行六十里即爲俄界河源穆稜縣老爺嶺之北麓東北入烏蘇里江長千二百里亦東邊巨川也縣治適扼全河之中上下各五六百里密穆往來如舍陸就航交通亦甚利便治城外河寬七八丈三五丈不等河床亦深奈屈曲太甚咫尺相望繞行輒至數十里上湖二百里又有巨石蹲踞中流行旅苦之然一經疏鑿必大輿地利緣下游入江口北距虎林縣僅三十里刻俄人至我境采購食糧恒在新甸德墨里三姓佳木斯一帶浮松花混同江而轉出伯力此間水道既通則下駛虎林過江便達烏蘇里鐵道其迂捷相去懸絕密山土質之美甲於全省每地一晌歲收粮動有三千餘斤前清宣統己酉設治初放荒已及三十五萬晌當招墾時山中糧食悉仰給於外來近年乃輸出激

增農利日溥洵塞外之上腴也

興凱湖其形橢圓周八百里差比湖南之洞庭但其東入烏蘇里江口一線河流曲折無數宣洩不暢（即松阿察河）故湖水淵渟鮮驚波駭浪俄輪由江入湖以東岸我界龍王廟（擬即設臨湖縣治）西岸俄境紅土崖爲船塢紅土崖爲彼國要塞俄名里薄諾夫此處亦即爲由江入湖航輪之終點當烏蘇里鐵路未成以前紅土崖商品彙集近年交通趨勢移易每歲俄輪祇來一二次

勃利縣（東北距省一千五百里）

縣治土名四站唐書勃海國有勃利州今縣境有勃利河故名又遼營衛志云五國城首日博和里國博和利即勃利之音轉

依蘭土語有荒界荒裏荒外之分今勃利縣境舊時概名爲荒外

（沿革）勃海大氏時爲勃利州境遼季屬生女直五國部有清未入關前是地與依蘭同爲和屯噶珊之野清代委同荒徼至光緒三十三年始奏擬設治民國三年省吏派調員查爲設治之準備六年五月設縣治

（形勢）縣境當依蘭迤南密山西北相距差等土脉膏沃水陸貫通清季於依密間刊木開道以徠墾農惜今已多廢壞至水運則有倭肯河之航途北距縣治三十餘里風船來往甚多祇須濬鑿灘淺即可行輪當設治頃全縣戶數已達五千縣治旁近之二道河子小五站並龍爪溝墾闢較多（龍爪溝在西南境近接寧安與縣治中隔大山控制較難惟由大碾子河可迂道聯絡）究以邑西村屯爲密（杏樹溝大小碾子河一帶）金礦（在馬糞泡）石炭礦（在龍爪溝）游民開采徙爲盜藪而山林之利日後開發正自無窮

## 方正縣（東北距省九百二十里）

縣治土名方正泡緣縣北有泡作不正之斜矩形俗稱方正泡

（沿革）元屬呼爾哈萬戶府明季凡牡丹江左右概屬野人衛之呼爾哈部下游又稱諸害部（諸害係鄂倫春之音轉今其種族繁衍於江省境內善使四不像古時屬之使鹿部）清光緒三十三年設大通縣治於松花江北崇古爾庫站嗣申畫吉江兩省界凡江北地悉改隸黑龍江省宣統元年因移治江南方正泡迤南稱方正縣今仍之

（形勢）東北瀕牡丹松花兩江（德墨里屯爲出入松花江之船埠）砂土墳淤土質饒沃稱上腴爲西濕畢展窩集與同賓縣接界中東鐵道出同賓境折向南趨距離漸遠且隔大嶺故縣境林區猶少斫伐惟東赴依蘭不足二百里中間水淀哈湯（林中沮洳也）幾居一半土名大小羅羅密尤礙

行旅自來台站所經即繞道江北南岸阻絕交通及移治以後隨刊開闢郵傳往來不須假道江北已稍便利焉

## 穆稜縣 東南距省千里

縣治土名穆稜河穆稜滿語本音作摩琳馬也（達罕馬駒也）古爲產馬之區

（沿革）金爲女眞别部世祖本紀拉必瑪察據穆稜水使阿里罕往撫之是也明設木倫河衛（史作毛憐衛）淸初仍稱木倫部宣統二年設穆稜縣今仍之

（形勢）穆稜河中貫縣境中東路線橫跨東西河航陸轉行旅四通惜北赴密山水行苦於流曲而礁巨山行隔於青溝嶺之奇險上下七十里無汲水處（已見前）交通趨勢仍爲鐵道所奪幸戶口漸繁農利殊厚苟能山

川開墾生聚發達材木（采自樺川河）糧產（沿河田畝多已墾熟）沿河下駛灌輸國外尤大利所存（穆稜河入烏蘇里江處對岸距尼瑪河口僅三十里此水暢行可徑運俄沿海濱省內）

**寶清縣**東北距省一千六百五十里

縣治瀕寶清河在富錦密山南北通道間

（沿革）明代沿革與饒河同清初以還並爲黑斤人之部落光緒三十三年奏擬設寶清州民國元年始設分防經歷隸臨江府（今同江縣）三年改爲分治員（司法事項仍隸臨江）五年設寶清縣今仍之

（形勢）縣境西傍樺川抱撓力河之上游屯窩集山脈環帶西南兩面故地勢較高水土深厚殊適農業（民國四年東北各縣俱患水災縣境收穫獨豐接濟鄰地）潤水南北交匯奔集於撓力河下接烏蘇里江道風帆可達所惜地居遠僻兼之沮洳梗塞南赴密山一路灌木尙未刊除林中哈湯足礙

行旅凍期以外商販鮮通因之物價奇昂墾戶不集（四年冬清文報竣）烟匪馬賊轉窟穴於茲今謀開闢倘路政不修殆無一可着手焉

## 濱江道道尹所管

**濱江縣**治濱江道道尹駐所北距省五百六十里

縣治舊名哈爾濱往爲松花江右灘淺江左傍近郭爾羅斯後旗界今爲江省呼蘭縣蒙人以此地草甸平坦遙望如哈喇蒙語因稱爲哈喇賓漢語訛傳又易喇爲爾土音喇訥爾勒等字俱無大區別

（沿革）金爲上京會甯府西北地元明沿革與阿城同清宣統元年設濱江廳同知僅在傅家甸一隅而積數里嗣割雙城府東北境附屬之仍嫌褊狹民國二年改縣

（形勢）中東鐵路西自滿洲里（臚濱）入我國境東達交界驛（東甯）縣境適扼其中而支線南達長春接南滿路直迄遼東半島又於斯起點一縱一橫此爲交點故就東省論實綰南北滿洲之轂就

交通大勢論轉輸歐陸要爲東亞之樞國內重要之商埠殆頡頏津滬焉江省東荒（綏化呼蘭各屬）農產饒衍近推關東大陸之穀倉飛輓南來此焉吸聚異日沿邊各縣墾植發達江航利便必更助市况之繁昌靡可量限焉

（附錄）哈爾濱商埠爲中日東省善後條約自開商埠之一俄人先於哈爾濱車站四旁任意圈佔周五十餘里俗稱之爲道內言鐵道以內地也及光緒三十二年冬依約與吉長各埠同時勘放遂劃阿什河以東鐵路界濠以西南迄田家燒鍋北至松花江岸縱二十餘里橫十里八里不等爲埠界俗亦稱爲道外

附 中東鐵路略史

俄人謀築西比利鐵路以聯絡遼東興工在光緒十七八年終以紆繞

黑龍江外以達彼沿海濱省南迄海參崴海參崴爲中國舊名俄得我此埠名爲烏拉奇哇司托克烏拉奇佔領也哇司托克東方也工艱路遠適我甲午一役敗於日本朝議聯俄彼乃以西比利線橫越我東省爲請光緒二十二年遂與華俄道勝銀行訂東省鐵路合同此路西接俄境四特列金司科連絡西比利線東迄俄境尼古拉斯即雙城子連絡烏蘇里線而在我國境滿洲里綏芬河間凡長二千七百七十四里光緒二十四年續訂合同又允接造枝線起榦線中點之哈爾濱站以達經年不凍之旅順大連兩海口凡長一千八百里哈爾濱一車站遂綰兩線之轂俄人在此首建兵房官舍廣徠工商設置製繖全仿二百年前經營森彼得堡成法前年改名彼得洛格雷特又以彼經營黑海阿疊沙埠之規畫建設青泥窪海港至二十七年底路工過半已用去工築費二億零八兆造車費三十四兆合測勘購地諸費凡俄

幣三億元有奇俄政府兩次特募公債一百六十餘兆以資補助時清政府亦曾投資五百萬兩委托道勝銀行筦度支之出納而名承辦路事之機關曰中國東省鐵路公司至三十年六月全路工竣

是路正續合同之精神中國在予以極端之便利然條文所載亦未爲大礙我主權乃路工伊始即逢拳匪之亂俄遂以戰勝國自居先是路線佔用地規定兩旁各十七沙繩半車站附屬地視站之大小以定廣狹至是公司竟擇要侵佔任便購買全無界限又兩次允其展地（吉省界內）約許不納地租繼而各站附屬地公司視同租界行使其各種政權吾（路線三十三年展放阿什河至綏芬河各站地共五萬五千晌）現在大站之附屬地輙袤廣至數十里國全屬放任彼直出以自由而已迄光緒三十二年日俄戰後訂立朴資茅和約俄允取得中國同意將長春至旅順之枝路讓與日本（凡長一千

（四百里）顧公司此時一因行使其政權在路界中之基礎已堅一因戰時軍用範圍及於全路各事形成慣例遂收界內市政警察課稅諸權完全佔有用地其名租界其實而以二十二年合同第六欵「由公司一手經理」一語爲對待我抗議之根據（經理二字譯本法文爲治理之義當時政府許該公司築路故是欵載公司有鐵路購地界內治理專權語係專指路工言如材料廠車站房屋之類觀原約上下文其義極明）在各站擅設自治會非俄籍人不得參列經我國嚴駁力爭始於清宣統元年訂有中俄公議會大綱十七欵第二欵載「中國主權應行之事皆得在路界內施行所行無背鐵路各合同公司公議會皆不得阻止」此欵即係申明原訂正續合同之本情挽救殊多但吾國在界內迄未有所設施實放棄應有之權利近頃以還吉省當事乃次第回復按照中俄兩國之協定條文警察課稅由我掌管並復設督辦（庚子拳亂後督辦迄未委派）具有

統轄全部之職權

## 附記中俄松花江江關交涉

中俄東省鐵路合同曾訂明兩國交界處由中國設立稅關適會拳亂迄未實行清光緒三十三年始訂北滿洲稅關試辦大綱並暫行試辦章程設總關於哈爾濱設分關於交界驛（即綏芬河驛）滿洲里而鐵路運貨應徵之稅在一定界限內（哈站四面各十里寬城子等十六大站均五里餘均三里）均照通行稅則三分減一（光緒七年中俄陸路通商章程從恰克圖至天津有減稅之規定至是援據推及於東清路線但各國得利益均沾）其時中俄沿邊各五十俄里內免稅之例尚未撤除（民國三年五月宣告廢撤）松黑兩江暨北滿通途并亦販運自由水陸不須繳稅故光緒三十四年南滿大連開關之際日本公使提案質問謂北滿無稅失南北貿易之平衡清政府當令總稅務司擬定松花江貿易試辦章程凡出入報關完

税一以各省內港行輪沿江沿河通商口岸之辦法爲衡準添設江關於哈爾濱設分關於三姓分卡於拉哈蘇蘇俄公使乃提出抗議謂瑷琿森彼得堡（即曾記澤所訂亦稱伊犂條約）兩約中俄陸路通商章程均有特別規定未可與他國國際通商並論吾國駁之謂江陸異途不能一律看待江上行輪有約各國所同關章税則自應照各處江關成例況自俄日朴資茅和約訂後該陸路商章税則久失援用之價值累經切商俄使始允暫行但聲明將來所有商改之處應有反爲之能力外部亦認可酌改未幾俄使提出改定之稿總綱即稱按照瑷森兩約俄華永享松花江全流任便往來之獨利嗣清外部徇俄使之請原章作廢提歸北京另議卒如其意於宣統二年訂稽查松花江往來船隻暨進出口貨物暫行試辦章程即現行之關章也內如不收船鈔不納洋土貨出入內

地子稅復進口半稅等皆與各江關關章迥異是年八月俄使復提起琿春璦琿關章與清外部查照改定但是章既曰暫行明是權宜之策此種單獨稅章施之公共通商之開放地實有改定之必要就今情勢未可置爲緩圖也

阿城縣東北距省六百八十里

縣治舊名阿什河爲阿勒楚喀河之音轉又即金史按虎出水之音轉滿語阿勒楚喀耳也謂河流彎環形似人耳也

（沿革）渤海時爲粟末靺鞨種族雜居稱海古勒地後爲完顏氏本部金爲上京會甯府元朝墟其地屬之碩達勒達萬戶府明爲岳希衛阿實衛地清雍正四年置協領設駐防兵七年拆毀舊城移建新城（即今縣治）乾隆九年設副都統宣統元年裁設縣治今仍之

（形勢）縣境東南多山與螞蜒嶺之森林系連接會甯故都右環拉林河左擁阿什河兩流夾注大江西北兩面爲江河之冲積層故瀰望平原頗擅形勝雍正時所以移建今城毀除古迹則緣禁忌迷信之見謂一姓不再興前朝故都爲王氣所鍾誠陋說也今則中東路線橫貫縣境且爲郵傳通道商貨四集行旅孔繁稱巨埠焉

（附錄）縣南四里金上京會甯府故址土人名爲白城又似敗城北音無入聲二字易混也或云金尙白故名城長十里址高丈餘四面有門傍皆有高臺內爲圓形蓋即當年之內城相傳二百年前城之樓堞磚石砌成草長苔封甚爲完固嗣運去改築新城古迹遂盡湮矣城中心又有古城基址疑係當年之禁城其南門有土崗稍高現在城中已半成菜圃耕地者每掘出黃金碎如豆米亦有銀塊形似

馬蹄至古銅鏡刀劍遺鏃之屬尤多現在雉堞未盡剗除者尙崇墉矗立隔十餘丈輒有戍樓遺址土人往在晴日將升時每見雉墻及城門宛然在目自東淸鐵道旣成密邇軌道遂未有見意或地氣有遷變歟近年地下又嘗得碧玉形之塊石嵌空玲瓏爲古時糧穀焚餘黏性之米脂入土所化者可知是城宮殿必爲元人封火所燼蕩待書史已無可徵矣春夏雨後廢壁中每發現古錢多北宋崇甯大錢

金史云上京路即海古勒之地今縣東北有大海溝小海溝二河語音尙脗合淸雍正間設協領於此因更書爲阿勒楚喀敗城故址西南縱長東北面皆縮進僅及西南之半全城形勢遂如凸字中有南北横城一道偏西又有小城一約二里是城之南有土阜二相峙各

高二丈餘周二十餘丈由兩阜中向北進有高阜數層每層高出二尺餘長約二十餘丈當爲殿基也其旁土壘斷續蓋即宮牆遺址耳金史云獻祖徙居海古勒水始有棟宇之制遂定居焉可見金源未入關前已累代都此出外城迤西半里另有土阜一城南三里亦有土阜一高度相等豈所謂宮闕歟

按許亢宗奉使行程錄徐夢莘北盟彙編俱有會寧記事徐云近闕去纔蓋有岡圍繞高丈餘皇城也至門就龍臺下馬捧國書自山棚東入棚左曰桃源洞右曰紫極洞中作大碑題曰翠微宮有殿七間甚壯額曰乾元殿階高四尺許階前壇方數丈名龍墀又金史皇統六年上以上京會寧舊內太狹役五路工匠撤而新之規模仿汴京右所云傍有高臺中有橫城舉以相證當年規制猶可髣髴焉

宋史蒙古兵以元旦會飲歌吹聲四接是夕金哀宗傳位承麟稱賀未畢而城陷現在完顏氏之的裔猶有百餘家皆改姓爲鄢是族每値舊歷元旦輒閉戶謝客族中人例不賀年因金代係元旦滅亡今七百餘年猶存哀痛之紀念云

雙城縣北距省五百里

吉林外記雙城堡舊名雙城子拉林多歡站西北有土城基二相去甚近延袤皆不及一里

(沿革)金爲上京會甯府之西南境許亢宗奉使行程錄渡拉林河至矩古貝勒寨達河寨布達寨皆在今縣境內金時之台站名也元時爲廢地明爲阿憐部清嘉慶十九年置協領隸阿勒楚喀副都統光緒八年設雙城廳通判宣統元年升爲府今改縣

（形勢）縣境北臨松花江南倚拉林河背江面河氣勢完固往在金源固畿內地也四望平原挽輸便捷灌溉適宜農利稱最故前清之初即已耕墾爲就農產航途之交利拉林水湄設置官倉（始康熙明征羅刹頃以儲軍食）嘉慶十七年清廷給貲量移本省及駐京八旂閒散滿人開荒列戍始置協領是爲吉林官辦移墾之嚆矢（將軍富俊躬自規畫計分左右中三屯每屯統以兩員略仿兵墾遺制故至今縣內人民語言猶多純粹之京音）現在中東鐵道南北午貫交通（便利）勢舍航而陸地方生計發達尤稱壯縣焉

扶餘縣（西北距省六百里）

縣治舊名伯都納蒙古語布都納鵓鴿也清初伯都納台站爲西通蒙部之邊驛康熙三十三年另建甎城於站南別於舊站因曰新城至渤海之扶餘府係今農安縣界金之扶餘路按之地望應在今江

省呼蘭河流域非縣境也

（沿革）遼達魯噶部隸北府節度金爲肇州屬長春路元立屯田萬戶府仍名肇州明初爲三岔河衛後被蒙古侵入爲錫卜掛勒察兩族本部康熙時移住盛京其族蓋滿蒙血統混和而久已役屬於內蒙者清廷撫定蒙人設伯都訥站於訥爾渾之野始畫江爲境康熙三十三年設副都統官雍正五年設長寧縣乾隆元年罷縣二十六年置理藩院蒙務主事以理蒙事嘉慶十六年改設伯都訥廳同知光緒八年移設孤榆樹屯增設巡檢於此三十二年設新城府民國二年改新城縣三年因與直隸新城縣同名遵令改定今仍之

（形勢）嫩江自西北來納於松花江松花江北行至此勢爲攙奪二江既匯遂直向東趨形成曲尺縣境爲江水沖積層川原廣衍廓然

平野農漁之利實稱奥區縣境向西突伸揷入郭爾羅斯蒙旗界内從是分南北兩部焉故三面環蒙江流轉曲亦三面迴環而今日東淸鐵道經行東境建有松花江之鐵橋平夷洞達扼江航陸轉之咽喉（松花江自上游而下至陶賴昭站之鐵橋此段江流俄日人記載輒名之爲第二松花江）以一隅之地而交通輻湊四面引帶誠省西第一險隘也故金源之興肇於淶流一戰（見後得勝陀碑考）遼朝失此累敗卒不復振畫江設險以滿制蒙蓋舍此末由矣

## 榆樹縣（西北距省二百八十里）

縣治土名孤榆樹

（沿革）遼金賓州地値金上京會甯入關孔道置有巴達鋪呼勒希寨各驛前淸嘉慶十六年裁撤伯都訥城蒙務主事分設巡檢二其

一設於孤榆樹光緒八年又移伯都訥廳同知於此因稱榆樹廳今改縣

（形勢）松花江經縣境西南拉林河環帶東北平原膴膴無雄闊巨嶺以爲險塞然橫午交貫郵驛旁通（縣南秀水甸子爲西通蒙地之首站）稱衝路焉在昔則爲女眞契丹之國界（許亢宗行程錄過江四十里至呼勒希寨又東行五里即有濆堰斷塹自北而南莫知遠近界隔甚明乃契丹昔與女眞國界也以地望相證即今台站所經驛路）豈非以地當四達之衝且臨江岸進退夷險有足爲國防之輕重故國界即由此分劃耶在遼金時代土性瘠薄拉林沿岸有同砂磧（松漠記聞拉林河沿岸寸草不生行人携水往還）今則土宜轉變已稱農產之要區矣

五常縣（北距省三百六十里）

縣治土名歡喜嶺

（沿革）遝時爲阿延女眞部各錫部長名號契丹國志稱東南五節度是也明爲阿憐衛南境淸同治八年設協領於縣治東三十五里五常堡光緒六年另建土城八年設五常廳同知宣統元年升爲府民國二年改縣

（形勢）縣境重巒複巘爲四塞之區色齊窩集俗稱張廣才嶺山脉北出而西折爲螞蜒嶺雞爪頂廟嶺諸高峯皆縣境之外險也東與寧安同賓分境之界山又有斜向西北一支稱老嶺森林系則內險也地距中東鐵道稍遠運輸艱阻吉省腹內之窩集保存尙多惟山林深阻伏莽易滋庚子拳亂居民什九流亡近年生聚始密農墾乃漸闢焉縣南六十里舊設山河屯經歷西南九十里設藍彩橋巡檢今廢

## 賓　縣

東北距省六百十里

縣治土名葦子溝賓州遼地名松漠記聞契丹徙置翁舍展國於黃龍府南曰賓州州近混同江又云自上京百五十里至拉林河百十里至賓州洪皓當日行程係由今阿城縣金上京會甯西返汴梁計其地望遼金賓州應在今榆樹縣西接扶餘沿江一帶現在縣境轉在阿城東北名稱沿襲地域殊訛

（沿革）金上京會甯府東境屬五國部之沒撚部明爲費克圖河衛（滿語費克圖鑪隙也今蜚克圖站爲縣西與阿城交界地）清光緒六年預築土城八年設賓州廳同知宣統元年升爲府今改縣

（形勢）層山如重闈障隔東境是山之脉南連五常與螞蜒嶺森林系縱接環帶縣東北直迄松花江岸境內農業適宜惜無大川以利交通以夾板河口新甸爲江運之巨埠河流亦較長餘如海里渾河

烏爾河蜚克圖河雖俱見金明史記實潤水也（烏爾史作烏爾呼河）全境之水盡北趨匯注大江

縣治舊名螞蜒河又名燒鍋甸子螞蜓滿語肘也謂河流灣抱如人肘也

同賓縣 東北距省八百六十里

（沿革）金建置同賓縣稱烏濟赫部金史英悼太子葬興陵之側上送至烏濟赫（舊作烏只黑滿語烏濟赫育蔴也今人訛作烏金密）水而還是也明為螞蜒河衛清光緒八年設燒鍋甸子巡檢屬賓州廳二十八年改設長壽縣民國三年因與四川省之長壽縣同名遵令改定今仍之

（形勢）縣西界賓縣連山北走與共此險而色齊窩集更有縱行山脉經縣之東稱畢展窩集之森林系焉以故縣境之內嶺巒橫午左

右皆山惟東清鐵道軌轍所經舍險就夷半在谷底而螞蜒河適經縣境之中有冲積層之平原縣治所在實爲盆地故常虞水患若縣南則峻嶺危崖森林蟠鬱乃稱樹海惜被俄人斫供汽車燃料濯濯殆盡（螞蜒嶺幹脈爲同賓南與五常縣界山中東鐵道經行嶺北俄人於石頭河亮子河等站皆展修輕便鐵道通入山林於是在嶺北之森林斫伐漸盡幸危巒巉削山南屬五常界者尚得保存）居民舍農墾外林虞之業亦繁

附 中東沿線林場記

中東鐵路建築之初凡路料所資汽車所用（中東路車向以木柈代石炭）以及橋站營建莫不取之於山林清光緒二十三年將軍延茂議徵木稅俄人堅持鐵路合同用料免稅之文否認繳納久始商訂砍木章程由省垣交涉局附設之木植公司徵納票費（估值徵百分之八如係販賣再加一共徵百分之九）准中外人領票入山砍木交與鐵路公司至二十九年乃在哈爾濱專設木石稅

局藉便稽核時公司意猶未饜更請於黑龍江鐵路交涉局劃與成吉思汗站旁近林區俾供斫用延長至五六百里經清外務部議駁由吉江兩省會同提議迄三十四年始另訂合同吉省指給公司之砍木地段凡三曰石頭河子曰高嶺子（兩段相聯長共八十五里）曰一面坡（此段後又轉換）前發照票全行作廢另定稅則從量徵納顧此案值懸議之時華人混領國有林以鬻販弋利者坌涌而起自三十二年至宣統三年主管權在木石稅局（嗣後移屬濱江稅局兼筦）計由同賓東迄穆稜沿中東路線山林開放幾盡林業前途絕無規畫徒令奸民勾結假托侵攘糾葛叢生釀成弊藪國權蒙其損害訟案由是繁興（至今稅欵未能繳清訴訟經年無法判結者猶有彰處而如准許林商修築運木鐵路展長至百數十里七八十里林木斫竣路軌不撤轉任原領林商抽收木炭山分之類未易縷數）至民國四年乃脫離稅局再設木石稅費局於濱江俾資董理並截止放領林

區但自光緒三十二年以來除中東公司斫木地段外先後放出林場二十七處內屬華商名義者祇五處俄商占二十二處林場範圍跨及同賓賓縣甯安五常穆稜五縣現因爭訟禁斫暨自行停辦者亦有半焉年來漸就整理所徵票照費並魚草花岡石稅統計每年約俄幣三十餘萬元木稅徵收伊始即按俄幣出納使當事能逐次釐剔回復歷來放任之失吉省國庫收入所裨甯淺鮮歟

後叙

民國二年余曾雜采吉林故事並記述方輿大要成吉林地志雜林舊聞錄兩編合刊印行顧體例庞雜輯錄又多冗濫貿然問世居恒輒引爲疚病暇閲書史有可證明此邦地學闕於掌故者仍分類鈔存以備補纂而正前失今夏吉東印刷社主人以前書售罄遠近頻來索購慫余再版乃將前書重加刪訂凡語類不經稍涉疑似者悉予芟削大約存留者十僅四五前書名地志微嫌寬泛雜林二字出於三韓之新羅亦失内中國之意遂並改定今名曰記要示略也自念才識淺陋訓方之學未窺門逕何敢侈言著作惟心竊好之又以内省地理多經名人考證載籍如林東省同文較晚學者苟引据遼金諸史旁徵耆獻餘緒引伸類非稗販用是自慙未肯舍棄惟曩者枝江曹君彝卿同里談君

筱蓮助余搜討獲益良多今五閱春秋二君已先後謝世窮居纂述孑焉無儔不特隣笛山陽感懷離索記曰獨學無友孤陋寡聞是編之闕失知非淺鮮尚望當世賢達有以揩教之民國七年戊午中秋武進魏聲龢叙

## 歷史

金源族系　史稱金源出自黑水靺鞨然考其族系當契丹振勢於遼東之頃實已叛入高麗其後始次第渡圖們江北還故土金史胡十門傳稱吾遠祖兄弟三人同出高麗今大聖皇帝之祖入女直吾祖留高麗自高麗歸於遼吾與皇帝皆三祖之後又諸子列傳最上書諫曰女直入高麗者皆索之十餘年不已所索戶口皆先世叛亡烏蠢訛罕河海河合東諸裔聞我將大因謂本自同出稍稍欵附云云觀此可見金源之興來從高麗確有證據蓋金之完顏部在今延吉境內本與三韓隣接但吉省自古未爲高麗侵佔而省東一帶輒有高麗城之名稱意者即金人所建之屯堡而後人遂以高麗名之相

沿至今歟

五國城　宋徽欽二宗拘留五國城地點何在言者紛如今則邊徼已次第開放證以地望遂有灼然可據者考遼時生女直五國部今吉省賓縣為五國沒撚部自此以下東迄富錦北連江省湯原大通皆其故地係屬城郭射獵之國所謂五國城者乃五國部之城寨係泛義的名詞金史本紀五國沒撚部叛遼鷹路不通陶溫水紇石烈部阻五國鷹路執殺遼捕鷹使者陶溫水今江省湯原縣之湯王河也又穆宗乃使主隈禿答兩河之民陽為阻絕鷹路云云武進屠氏圖志主隈今名札伊河在觀音山金廠禿答今名圖勒河入江處在樺川縣對岸蓋遼時捕海東青在今江省蘿北等縣是處有警五國部便難前往遼置障鷹官於此惟徽欽果居今日何縣殊難確指但證以各種書史當以依蘭為近金太宗本記宋

二帝天會六年徙韓州（考韓州在今奉天遼源縣治南遼東行部志云州故城常苦風沙移於白塔寨後又移柳河柳河今名柳條河白塔名稱今仍未改是韓州固今日科爾沁左翼中旗界借設遼源縣治地也）八年再徙呼爾哈路大金國志云宋二帝自韓州徙五國城元一統志云混同江東北流經金上京下達五國頭城又東北注於海遼金史凡松花江上下游皆名混同依蘭適扼松花牡丹（即呼爾哈）二江之會口前後相証無不脗合又按滿洲源流考云或謂松黑二江匯流處有古城即當年五國城清初高士奇所著扈從錄亦祖是說謂松黑二江合流處地名羌突里噶尚有大土城或云五國城云云竊意松黑合流之說當係松花牡丹合流致訛緣金史五國部區域本不及今同江自仍以前說依蘭爲確有根據

三姓一帶至今仍產鷹鶻前淸於其地曾設鷹把勢多名捕鷹以進

供行獵之用鷹品之最貴者曰海東青純白爲上尾毛可用爲扇高三尺餘喙如鐵鈎昔宋徽宗善畫白鷹在宮中時多畫之宣和欵識當世所珍關内無白鷹乃樂畫此其後卒置身五國城確爲遼金鷹路置障鷹官之所雖一畫品實惡讖也又吉林產東珠宋崇道熙甯間汴中朝貴乃極尚之謂之北珠（見北盟彙編）氣機所感運會所關抑亦女眞讖錯到底之喩也

甯古塔西南沙蘭站驛路旁有大冢俗呼二聖墓人皆疑爲宋徽欽二帝葬處考之金史徽宗之喪金人許歸中原欽宗則葬於金鞏洛之原一歸一不歸既有可徵而據輟耕錄所云徽宗喪歸固空棺也但二帝骸骨倘同留沙漠孰又尊稱之爲聖者是所謂二聖墓者姑備一說可耳又日本有自署風籟生者其游記中曾言阿什河旁有

摩崖雪淵二字係徽宗手筆是說或可徵信徽宗翰墨最工意當年羈囚塞外必多文字留遺今盡湮滅歟

冷山　中原人士流寓柳塞者應莫古於宋之洪皓遍翻四庫全書序述今吉省風土之篇舍洪皓冷山集外其先未有見也惟同時許亢宗有奉使行程各記故溯吉林之人物開化比之文翁西蜀韓公潮州應首推洪氏洪使女眞羈留冷山十五年以樺皮習書遠近嚮慕是地遂亦爲歷史上不刊之紀念附考冷山地點據松漠記聞云去甯江州百七十里甯江今吉林東北烏拉街又高士奇扈從日錄云額木赫索羅站東北二百餘里自必爾罕必喇北望相去約數十里土人呼爲白山即冷山云云柳邊記略余於必兒罕北望相去約數十里積素凝寒高出衆山之上土人呼爲白山洪皓所居也必爾罕

今爲甯安縣西路第二站首站名沙蘭站旁必爾罕河必喇滿語河也發源額穆縣北境山中源流僅二百餘里東南入鏡泊湖爲牡丹江之旁源額穆之張廣才嶺（即色齊窩集）北榦東折爲螞蜒雞爪諸嶺是冷山地點其爲今五常縣東南山嶺無疑特所謂與陳王府隣穴處者百餘家其故址尚待訪訊耳

金源國書　金太祖命完顏希尹仿漢人楷字因契丹字體合本國語製女眞字皇統時頒用小字後又設女眞國學似當日推行頗廣今金史中糺字其義爲軍又往年寧安縣西沙蘭站發土得古鏡背有俗胼闁三字即金源之國書近見得勝陀碑陰拓本並同其體此項點畫要自成東胡之一種文字觀朝鮮之所謂諺文日本假伊呂波漢字偏旁自百濟傳入之片假名不過疎密異致亦猶金祖所謂仿

漢楷耳至於有清同起東陲其國書何以遠徵遼金旁較日韓均不類似則緣淸初達海製字係取元國師拔思巴所製蒙文字頭別加圈點拔思巴爲吐番人其字體實由畏吾兒等文蛻變而成故有淸國書絕無漢楷偏旁之結搆淵源固各異也

河南省城曹門外宴臺有金都統郎君修陵記碑陰之額鐫有爲利𦫳戊矢尖伏丢臾乎旱臾十二字淸麟見亭宴臺訪碑記稱碑刻於天會十二年時小字未頒其爲大字無疑蓋大字尚與漢字多同特其義各別若上述之鏡銘乃純係小字較漢字更遠耳

得勝陀碑　金得勝陀碑吉林通志載其全文道光三年旗員薩英額所錄也吉省中遼金金石留遺至鮮此石屹然尚存至可愛護光緒十三年夏曹君廷杰摹拓數本即將斷碣瘞於贔屭南而置額於上

今又三十年矣未知存在否癸丑春仲余假觀拓本碑文磨泐者已十二三字作卒吏體而尤樸茂額題大金得勝陀碑六字篆額之篆懷英撰文之趙可金史皆有傳惟書丹之孫侯無之繫銜作咸平府清安縣令其官微矣拓本長官尺八尺五寸闊三尺二寸計此石高度必有丈許正面漢文三十行最長一行七十八字碑陰十二行女眞字碑在扶餘縣東拉林河西距松花江四十里土人名其地曰石碑崴子（東距中東路線極近）蓋金太祖誓師地也史載金祖伐遼進軍寧江州（今烏拉街）次寥晦城諸路兵皆會於淶流水（即拉林河一聲之轉）金祖舉酒酹國相撒改曰他日成功當識此地及戰大敗遼師遂名其地曰得勝陀云至大定二十五年世宗東巡始命詞臣作頌紀功刊諸貞石即此碑也惟大定立碑史未及載此則可補史書之缺者碑記云大定甲辰

駐蹕上都明年夏四月詔以得勝陀事訪於相府謂宜如何相府訂於禮官禮官以爲昔唐元宗幸太原言有起義室頌過上黨有舊宮述聖頌今若仿此刻頌建宇以彰聖迹於義爲允相府以聞制曰可

吉省軍事地理　自來中國兵力及今吉林省界祇兩度一在三國曹魏時魏志毋丘儉討高麗絕沃沮千餘里到肅愼兩界松漠記聞肅愼城在渤海國西三十里元一統志渤海上京城古肅愼也按渤海大氏故都今寧安縣東京古城是　其進師之道史不詳大抵與淸初繞避葉赫烏拉攻略野人衛之師一轍必沿混江佟佳江上游以東北進者緣其時朱蒙之裔建高句麗國方振勢於湏水沿岸今鴨綠江毋丘追剿敗軍遂至於此唐代征遼之役似亦曾偏師出此金梁氏奉天古蹟考稱長白縣有唐塔唐伐高麗用兵此地云云　一在明洪武二十年馮勝攻元太尉納克楚於金山金山滿洲源流考作額勒金山今名穹陛圖山在奉天遼源縣界東遼河匯口北二十里　納克楚分軍爲三其一屯

於隆安伊圖河即今農安縣境之伊通河也勝率師進壓其營乃降其將士妻子在松花河北勝遣和通諭降之計其地望蓋在今德惠扶餘一帶矣是役以後永樂洪熙間師船棄發累次擊併諸夷武功亦盛惜自中葉以後威德不張聲教遂不能遠迄矣

按吾國帝王武功之盛無逾漢唐顧於吉林一省獨無軍事地理關係即毋邱儉馮勝兩役係及吉林邊界永樂時之水軍累出亦祇偏師遠出爲示威東胡之計括言之自古中國兵力未有震慴松花江南北能保存勝勢者明成祖兵力及今江省呼倫貝爾則自開平（多倫諾爾）至庫倫海子（呼倫湖）係由漠南進師蕭累朝爲保固燕齊用兵大漠南北不及今柳邊以外偶有軍事關繫不過追逐逋寇而來至漢唐東征高麗則專注遼東迄未北進故今日吉林省境適非爭點自近頃以還輪軌交通綰轂東省地理形要乃迥變矣

日本人前年曾在遼東掘得殘碑作八分書中述曹魏用兵高句麗之事日人如龍居鳥藏等地質學家俱証爲毋邱儉之記功碑攝印於滿日新聞推爲滿洲金石之最古者

特林碑　今俄屬沿海濱省特林地方有明初奴兒干永甯寺碑二往年曹君廷杰至此拓本而歸惜碑文已漫漶可辨認者僅半是二碑一爲明永樂十一年所立一爲重建記宣德八年立皆記太監亦失哈撫諭奴兒干及東海苦夷事永樂時立碑較大碑陰之右有朝鮮諺文三百數十字左刻一文其字數稍是與碑額俱作西藏文宣德重修碑兩側面則刊梵語一句書以漢文朝鮮文西藏文及類似唐古特文四體漢文爲唵嘛呢叭彌吽六字此六字蒙人隨處持誦隨地刊泐剗熱河迤南大道廣仁嶺石壁上並刊此六字亦西藏文據嘉定瑪賦求氏東蒙游記謂係光緒二十二年所鐫

永甯寺碑文多磨泐略云奴兒干國其民曰吉列迷與苦夷諸種雜居地不產五穀非舟莫至洪武間遣使而未通永樂九年遣內官亦失哈等率官軍二千人巨舡四十五艘至其國撫諭之設奴兒干都司收集諸部人民使之自相統屬歲捕海青方物朝貢十年亦失哈等載至其國自海西抵奴兒干及海外苦夷諸部給以穀米衣服器用宴以酒食皆踴躍歡忻宣德初官遣太監亦失哈部衆至七年亦失哈同都指揮康政率官軍二千巨船五十再至云云考此事明史不載明史兵志第言洪武永樂間邊外歸附者官其長爲都指揮千百戶鎮撫等官賜以勅書印記設都司衛所有都司一曰奴兒干如此而已至所以來服之起原與設置之年月皆不詳明成祖銳意通四夷奉使多用中貴西洋則鄭和王景宏西域則李達迤北則海童

西番則俟顯明史宦官傳書之特詳亦失哈亦以內監奉使絕域觀是碑文亦當時大事乃隱而不書非此則明初撫納東北之事竟無從知金石遺文可補正史之闕不虛也碑有其民日吉列迷與苦夷諸種雜居之語吉列迷即濟密彌爾之對音即金史之濟喇敏元史之帖烈滅也今自海口溯江而上與濟密彌雜居兩岸者有費雅喀赫斤各部即碑所謂諸種野人蓋皆明奴兒干地也苦夷即苦頁之對音其爲今混同江外之庫頁爾島已無疑義（即樺太）然則明奴兒干都司所領殆遠及海外明史兵志謂奴兒干都司領衛三百八十四所二十四即碑所謂收集諸部使自相統屬者也楊賓柳邊記略以甯古塔爲奴兒干都司地以是文考之實其治所轄境乃最廣漠耳

按特林在今俄東海濱省廟爾城上游二百五十餘里有岩石陡臨江流是

二碑即疊立其上今永寧寺被俄人改爲嘛喇廟碑在廟西南百步下山沿江行里餘有古城基周二三里市街古迹宛然廟爾舊時俄國固必爾那托爾駐此嗣移伯力嗚呼烏蘇里江以東土地割畀俄人迄今五十八年矣吾漢族經過偉蹟惟玆殘碣猶可考尋然而伊吾廢壘受降古戍憑弔當年彌增感慨已

又按奴兒干明實錄作尼嚕罕明於今日東三省中北如碩隆山衛穆河衛皆在今江省呼倫貝爾區域東如尼滿河等衛及上述之奴兒干則在俄屬東海濱省其建置不爲不廣特自開原以北不過給付印符與明廷關繫本甚深切猶唐代羈縻州之例今考明代設置關東衛所多半在成祖初年有年月可記者其地較近遼者亦較後大抵始永樂二年至十四年至宣德時第偶見耳宣德以後未見有續設者

又按吉林城南十二里沿江石壁滿語謂阿什哈達有摩崖字四行首行書□□□□□奉兵馬陣前將軍遼東郡都指揮使劉書（明代無遼東郡蓋襲用古地名者）凡二十一字次書永樂十八年領兵至此又洪熙元年領軍至此□□七年領軍至此蓋一人而三次行軍鐫石自記者（大略見上卷）此可證明代東征悉賴水師藉松花江以濟而吉林乃其航行之始又今年七月旅順發見永樂四年保定侯孟善天妃宮重修碑具言巡視沿海遠迄重洋之事均足補明史兵志之闕而徵當時東略之威

會甯殘碑　東晉時前燕慕容皝振勞於遼東與高勾麗軍事上關繫至多中原文化賴以東漸其時中國南北佛教甚興慧光東照扶餘粟末遂亦得南山嘉祥諸宗之餘緒遼金時代宗風愈暢昨年阿城縣白城（此會甯故都）掘地得六角石塔一徵上刊云上京會甯府寶勝

寺僧人口口碑銘誌字跡已多模糊可辨識者得三十九字僧保和縣人俗姓于氏天慶口年生人十一歲父母許放出家口到本府興圓寺至皇統元年試經受戒觀此可徵佛寺之建設且在金源初葉矣

民國紀元阿城又得一殘碑祇留百數十字因上下斷截不能成文中有駢句云文教口於胄宗西眺辟雝儒生盛於東觀蓋金之太學碑也史載大定五年令明安穆昆子弟各就上京大學後又製女眞字尊立女眞大學金源當世宗年間文教漸興且曾臨幸上京獎導儒學今於夕陽禾黍中讀此殘文猶可與史書相證也

明季疆域沿革　今日吉林省西南及奉省北界當明中葉以後實惟扈倫四部之故土明人稱爲海西衛亦稱南關北關四部中以那拉

氏（亦作納蘭）之葉赫部尤強大儼然執牛耳焉而其壤地亦最得形勢今依通西南百四十里赫爾蘇鎮稍西有葉赫站即其故都也明人與滿洲互市於北關恃爲中外大防（今開原縣邊台口）即賴葉赫屏蔽關外耳及萬歷四十四年明朝四路援師皆敗於撫順滿兵乃克鐵嶺衛再克開原衛攻破北關以拊其背而葉赫之後援已絕未幾淪亡斯時輝發（故都在今奉天輝南縣輝發河北）烏拉（今吉林省東北六十八里之烏拉街）哈達（哈達河西入遼河今威遠堡邊門內東南有古城即哈達故部滿人稱山之戴石者曰拉亦曰礁山之銳者曰哈達今俗語仍有之）早經蠶食淨盡南關亦久亡（在開原縣東南約六十五里明於此市易亦稱廣順關即威遠堡邊門也）而明代邊禍自此中於遼西列戍防秋罷於奔命矣

按萬歷四十一年葉赫貝勒錦台什使告明曰扈倫四國滿洲已滅其三今復侵我必及明矣可爲葉赫後亡之證

又按扈倫之先實出於兀良哈朶顏泰甯福餘三衛永樂靖難功成二衛益强然北禦韃靼東捍諸夷明邊亦賴以無事及正統時也先之擾（也先亦非元裔實沃奇溫氏別部遜延之後清初所謂準噶爾即其苗裔）三衛分散有遠從杭愛山下者即今之烏梁海部其遺族在福餘衛東壤則改稱扈倫（龔定菴曰治塞外輿地學最難地以族得名每族徙而名存亦有族徙而名亦徙者若兀良哈之爲烏梁海則屬第二說矣）有併未遷徙者（今內蒙古喀喇沁西土默特爾旗爲烏梁海氏即三衛之的裔）前清之興與扈倫四部有密切關繫故溯流窮源應先研究三衛之歷史

扈倫以東與烏拉部境壤密邇者則有東海三部明人所謂野人衛是也以今地望考之是三部適佔吉省之東半三部者同出通古斯族即呼爾哈部瓦爾喀部渥集部是按呼爾哈係河流名唐書作忽汗河今稱牡丹江（滿語名穆丹烏拉）凡敦化寧安依蘭等屬皆該部當年故

地瓦爾喀部亦以河流名則今奉天東邊外之混江是邵陽魏源云瓦爾喀江入鴨綠江兩岸皆其部落人民多自朝鮮僑遷是今奉省之桓仁通化輯安悉瓦爾喀境也渥集者本窩集之音轉據滿洲氏族源流考烏蘇里江西之木倫部江東尼滿河源之奇雅喀喇（奇雅族俗地理見後）皆渥集部又清祖征渥集部有自歸之綏芬部是今日穆稜縣東甯縣虎林縣並俄屬東海濱省之尼瑪河綏芬河流域皆當年所謂渥集部也

在東海三部之東北而與渥集部緊相連接者則清紀概以使犬使鹿別之明代悉統於奴兒干都司清廷先後吞併是地大約已在天命紀元以後（萬歷四十四年後）其地爲今日吉省最東北之同江綏遠等縣迄乎黑龍江混同江下游兩岸凡咸豐十年割隸於俄沿東海岸一

帶是其人則濟勒彌費雅喀薙髮與不薙髮之黑斤諸種是

按今之同江綏遠赫斤人當年皆屬之使犬類今江省鄂倫春族要皆爲使鹿類顧是中種族之雜殊費研究據日本龍居氏所調查大別之凡有九種而今日血統久淆已無確當之評斷大概索倫一族爲通古斯（即東胡歐人音訛爲通古斯）較純之稱（以答抹哈魚爲衣褸之魚皮韃子散處內興安之打牲人皆屬此種）達胡爾人則爲渤海遺族實渤海國姓大字之轉音費雅喀與日本北海道之蝦夷爲同族且至今日即使犬使鹿之界說亦已不能範圍如以使犬論現在依蘭以東畜犬拽橇漢人遷墾於此亦多效其俗者若使鹿部則所使者並非野鹿乃形類馬鹿之四不像今日江省東北如佛山蘿北等屬隨處皆產西至額爾古訥河流域亦均多此物（四不像古書又謂之麈）

建夷考　明季陳仁錫仿藝文類敘之體著潛確類書凡分千四百餘

門其十四卷四夷門十一卷九邊門俱詳述滿淸入關以前事四庫全書禁書總目稱其語極狂悖將版劈毁近京中得崇禎朝原刻擬將四夷九邊條抄錄印行緣乾隆朝凡宋元後名人著述關於滿洲者一槪刪棄明史亦多嫌諱不取采輯故眞相不存兹將原書四夷門輯錄黃道周所譔博物典彙第九卷後建夷考一則轉載之今女眞即金餘孽也國朝分爲三種曰建州曰海西曰野人永樂元年野人酋長來朝建州海西悉境歸附先後置建州等衞置都司一曰奴兒干以統之官其酋當是時建州衞指揮阿哈出及子釋家奴等皆以有功賜姓名官都督同知此建州之始大也正統時建州衞指揮董山煽誘北虜入寇殺掠不絕景泰中巡撫王遣使招諭稍歸所掠復欵關後以賞賜太減失望董山糾毛憐海西（按毛憐即木倫部

今穆稜河流域說見前　諸夷盜邊無虛月成化二年遣都督武忠往諭撫致董山覊廣甯尋誅之命都御史李秉靖虜將軍趙輔督師三道入搗其巢夷稍創始乞欵貢嘉靖二十一年建州夷李撒赤哈等入寇巡撫孫繪禦之失亡多亡何撫臣于敎坐減賞物夷人譁更詐殺譁者夷由此挾忿數入塞殺掠如成化時萬歷二十八年今建州奴兒哈赤襲殺猛骨孛羅（按孛羅即貝勒之音轉）其勢始悍猛骨孛羅者與那林孛羅俱海西部落與奴酋二家俱封龍虎將軍猛最忠順虜或入犯輒預報得爲備諸夷皆心畏惡之奴酋尤甚會猛酋與那酋相讎殺猛力不支請於邊吏求救不許厪得乘障扞邊圍不許遂求援奴酋奴酋悉起兵以援爲名佯以計襲殺之邊吏因循不與較奴酋自是有輕中國心又先是奴酋父他失以內附邊吏

貪功執殺於是撫鎮以計非是匿不報聞迺奴酋故恨恨也觀此清太祖所謂七大恨告天之事可以見其大概矣日與弟速兒哈赤厲兵秣馬設險擺塘自三十四年貢後以勒索車糧爲名遂不復貢時擁衆要挾恐陵開原邊吏嚓悻莫可如何撫鎮相傾皇皇以益兵請而不知跋扈之勢已成於襲殺猛酋之日矣

按建州衛卽今興京地所謂赫圖阿拉是也海西衛爲扈倫四部今伊通吉林開原輝南是野人衛爲今寧安府以東直迄烏蘇里江左右地董山係清之貴祖他失清之顯祖奴兒哈赤卽太祖猛骨孛羅係哈達部酋（開國方略及魏默深龍興記作蒙格布祿）當明萬歷時爲扈倫四部之盟長那林孛羅係葉赫部酋那林卽那拉之轉音閱者考證此記再翻閱萬歷後之明史益瞭然矣

俄摩賀考　有清之始居俄摩賀之野鄂多哩城即今鄂摩和站（一作額穆索）在敦化縣治北刻已設額穆縣治清紀所謂布庫哩湖天女朱果誕生聖帝之說今敦化縣東有布庫哩山山下有池年前敦化令某訪得其地曾立石湖邊以志奇蹟額穆縣東距吉林三百九十里當牡丹江之源下游爲甯古塔爲三姓清紀云先有三姓搆兵奉以爲主又云景祖兄弟六人分居遂號甯古塔貝勒蓋滿清遠祖實沿牡丹江以廓展勢力比之遼金亦猶耶律氏之潢水（即西遼河亦名西拉木倫河）完顏氏之按虎出水也（即阿什河）

清初國號大金　清帝室與金源同種而不同部落然滿洲八旗中金之完顏氏猶爲巨族瀋陽城之撫近門石額刊大金國天聰五年今尚存留考清於崇德元年丙子建號改元豈以前之國號即沿用大

金耶

官莊驛站邊台說　清代入關以前吉林即有漢人嗣後悉數編入鑲黃正白二旗此輩大都流寓已久同化於滿族故姓氏亦均改從滿制至順康間編配來此之漢人遂不列旂籍而分屬於十官莊二十六驛站二十七邊台莊丁充採捕種地打樺樹皮等役（樺皮用以製弓）站丁司遞送文報台丁分司柳條邊各口之柵濠以詰禁過客及康乾間又設水手營鳥鎗營乃悉從上三項丁役挑補緣其時已停止漢人編配故也編配最多之時以康熙初爲最絕域記略言甯古塔地方華人十三省無省無之（十三省之說沿明制而言）各因其地以爲風俗云云其繁夥可想

滿族世系　滿洲八旂之氏族以八大族爲首其屬籍均列正白等上

三旗其世系半出自吉林曰瓜爾佳氏（費音東之後與鈕祜祿同岔滿洲舊族今政體改革滿人悉冠漢姓以切音改爲關姓）曰鈕祜祿氏（額亦都之後）曰舒穆祿氏（揚古利之後）曰那拉氏（扈倫葉赫部之後今伊通州南）曰棟鄂氏（從部爲今奉天寬甸縣）曰輝發氏（扈倫輝發部之後今奉天輝南縣西北）曰馬佳氏（圖海之後）曰伊爾根覺羅氏（費揚古之後此姓乃另一部族與紅帶子之覺羅各別如蘇蘇覺羅西林覺羅皆非清廷之同部但有扈爾漢一部從其父扈喇虎率屬來歸本姓佟氏賜姓覺羅然亦不准用紅帶）以上八氏尚主選妃不外乎此然那拉氏當有清入關以前實爲世仇明萬歷時葉赫部倚明爲重抵抗滿洲明朝爲發二十萬兵四路來攻明師卒敗不但累世夙讎明清之興亡蓋又以該部爲樞紐焉

八旗除著族八氏外則有精吉薩爾都富蔡完顏等三百四十餘氏又蒙古旗內有博爾濟吉特等二百三十餘氏又漢軍旗內之高麗人有金韓李朴等四十三姓漢人之編旗者有張李高雷一百六十

餘姓凡屬滿蒙八旗俱稱名而不舉氏以其名之第一字相稱如姓氏然今漢滿大同旗人冠漢姓者甚多如漢軍等本係漢姓無所變更若旂族則大抵以切音而成音之准否固不可知且世家大族尚可考徵若鄉里編氓恐氏族淵源早已忘之矣

當有清開國時漢軍旗與滿洲八旂界限甚嚴飲食坐臥俱不得同在一處出軍則備充前敵屯駐則別爲一營官級升擢不能與滿蒙八旂相攙至嘉慶以後亦漸融和無間矣

清初謫戍　滿清入關之初流徙罪犯多編管於　吉江兩省及康熙時雲南既平凡附屬吳三桂之滇人悉配戍於上陽堡在今開原縣東四十里邊門外滿語稱其地爲台尼堪尼堪者漢人之謂松漠記聞金太宗弟粘罕本名尼堪言其類漢人也近人謂此二字奴隸之稱實悞既又爲羅剎之亂關外徧設軍台飭

是等流人分守各台稱爲台丁其後與官莊驛站均撥與田地令耕種自給今屢議丈放變賣之官莊台站地即屬於此故沿柳條邊門沿嫩江以北俱有台丁蹤跡二百數十年來汚辱困窮直是無告之民族若甯古塔城流放罪人則始自順治末年不屬台站擱內搢紳獲文字之禍或羅黨獄恒謫居於此順治丁酉科場獄吳江吳漢槎塞上秋笳其尤著者又一路爲席伯白登訥（席伯爲錫卜蒙古舊地今扶餘縣）康熙中葉李方遠爲定王案牽連編管於此（見後）又一路爲齊齊哈爾城雍正初呂留良之子孫即發配於此又一路爲黑龍江城時將軍尚未移鎮墨爾根黑龍江城即今璦琿也桐城方登嶧謫此曾賦老槍行一篇老槍即老羌指當時之羅刹今俄羅斯人也中言中外互市情形頗悉北言其人行必挾槍至則官令人監之現在吾人呼俄帑曰羌帖猶沿此號而璦琿則書艾琿及乾隆帝總

位謂漢人放逐既多滿洲純朴風俗將遂漸染喪失於是祗有罪囚發黑龍江披甲爲奴之例而申平常漢人攔出柳邊之令有發見者罪及守台官弁而已編管在寧古塔等地之聞人亦陸續賜環返國否則已久葬冰天其爲台丁隸奴籍之人自乾嘉以後則亦轉徙關東有改隸烏槍水師營者有仍耕台地者遂不可究詰矣

清初婁東無名氏著研堂見聞雜記云順治丁酉江南科場事逮繫舉子各決四十長流甯古塔父兄妻子皆隨流徙甯古塔在遼東極北去京七八千里其地重冰積雪非復世界中國人亦無至其地者諸流人雖皆擬遣而說者謂半道必爲虎狼所食猿狖所攫或飢人所啖無得生也向來流人遠徙上陽堡地去京師三千里猶有屋宇可居尙得活至此則望上陽如天上云云觀是記述可見順治十六

年前尚無編配甯古塔之例而當時直視此地如鬼魅世界矣又海上見聞錄云（著者自署夢弇康熙時人）順治十六年己酉流鄭芝豹於甯古塔鄭成功之母顏夫人偕行康熙二年癸卯自戍所回准在京閒住又康熙十六年鄭氏敗於興化裨將劉炎投誠至京長流甯古塔蓋康熙時此間流人乃爲最盛之時代

長春鄉土志云有流人居邊門父子葺破屋以棲嘗大雪老者僵臥其子暈絕屍旁適有將軍之子雪中罷獵歸過此飭從人灌以湯少年遽甦老者氣息尚屬詢所苦知初從關內來者惜志中迄未敘何許人緊何姓氏然當時流人出關苦況可以想見吳梅邨感懷吳季子（兆騫）詩云生非生兮死非死實有如斯光景甯古塔紀略謂婦女跣足露脛敲冰出汲擔頭號哭皆中原貴族云云二百年後猶令

人淒然欲絕也

寧古塔之流人尚有金聖歎之子金氏以哭廟案棄市清初無名氏著有哭廟記略末云金聖歎時方評點杜詩未卒業而被難有一子先曾請乩仙問後事判云斷牛不解其故及其父以哭廟羅大辟妻拏發配關外安置甯古塔至日居老屋三間偶至屋後瞻眺見有斷碑在焉但存牛字其識乃驗聞現在寧安縣尚有聖歎子孫所居地名金家沽但未有聞人

定王案　辛亥冬傅君善慶在伯都訥得一鈔本紙色黯舊題曰張先生傳為清初李方遠所著李與明崇禎三子定王為友王變姓名自稱張姓案發李以株連謫戍新城乃有此著張先生者所以名定王也是編沈埋於塞外既二百餘年至前清命運既盡亦遂出世從知

朱明玉步既歿世閱二紀尚有此一重公案固已奇矣外間尚無印本恐仍磨滅特錄其原文如左

張先生者初不知其何如人也癸亥春（康熙二十二年）得晤于路氏筵上見其丰標秀整議論風生因私詢其從來主人曰姓張號潛齋浙中名士也學問淵博寫作兼優而且工手談精音律今為張氏西席敬邀相會共春酒歡是日也賓朋雜集觥酬交錯先生獨向余言款情意殷殷若素相識者越二日即投刺賜顧惠綾子詩扇彼此往來為筆墨文字之交者約半載餘先生忽一日過余云欲附舟南行兩月即歸茲來告別家有數口米薪悉出自東家但每月須錢千文為菓菜資不得不向知己告也余曰唯唯遂按月遣送如是者又半載餘適余有山右之行旋赴長安入乙丑（二十四年）春闈後抵家知先生已攜眷南旋矣自此不相聞者十餘年及余授任饒陽縣兼署平山時值韃爾靼作反兩縣軍需朝夕措辦日無寧晷先生曾到饒邑余

亦不暇申歎匆匆贈贐而別從此又杳然無音矣不意於丙戌（四十五年）季冬時余已解任家居且遭鼓盆之戚而先生偕二子至曰江左連歲水荒粟貴如金不得已就食山左敝門人張岱霖之家敬投尊府求薦一館以餬口予曰歲云暮矣來年之館久已聘定予有孫數人皆童蒙幸爲不屑之教可乎先生曰善因留居焉亦時至張氏家旬日即旋曰師弟間不便笑談予公然亦信其無他矣孰知前年初夏蓋戊子（四十七年）四月初三日也予方與先生在書房陳黑白子以相娛忽有軍廳高公邑令張公率營兵官役將先生父子同予鎖拿予茫然不知其何故也星發電馳解赴省城撫君坐後堂左右列藩臬兩司旁無一役先問予曰你是李某曾做過饒陽縣官麼予曰是你既讀書爲官當知理法爲何窩藏朱某爲不軌事予曰予家只知讀書門外之事亦不與聞不知誰爲朱某從不敢做犯法事撫君曰你家教書先生是何人予曰先生姓張名用觀係南方人於二十年前在東平州

張家設教曾認識後於前年十二月伊父子來至吾家諄言尋館度日予有孫數人從他讀書至於朱某不法事并不曉的撫君曰他在南方姓王山東姓張你不知麼余曰一毫不知又喚先生父子至問曰你是甚麼人曰吾乃先朝皇子朱慈煥原封定王者事到今日不得不說實情又問曰你何以在浙江曰崇禎十七年流賊圍困京城先皇帝將吾交於王內官往民間藏匿及城破王內官獻之闖賊闖賊又交於杜將軍未幾吳三桂同清兵殺敗流賊各自奔逸賊中有一毛將軍帶吾至河南地方棄馬買牛種地年餘清朝查捕流賊緊急伊遂拋吾而逃時吾年甫十三自往南行至鳳陽遇一老鄉紳王姓者曾爲先朝諫垣細詢根由執手悲泣留在伊家予遂改姓王偕伊子同學讀書又數年而王官病故吾年十八九乃從江而南舉目無親煢煢莫告到一禪林大士前削髮爲僧苟延歲偸月生度日後遊於浙止一古刹中有胡姓者餘姚人也亦明時宦裔偶來寺中與我談經論文愕然大咤曰

子有如此才學何爲流於空門乃延至其家改換衣帽勸吾蓄髮伊居室之旁有小園半畝茅屋數間俾吾住其中後又以女妻焉此吾所以爲浙人而王某也撫君曰今有江南兩處叛案皆稱扶爾爲君恢復明朝爾往浙中質之時四月初六日事也當日撫君將口供繕寫題疏即將先生同予起解南行騾轎四乘解官數員一東兗道蕭一撫標大廳陳一都司張并守備千把等統領馬步兵數百及沿途接者日有千人舉目視之旗幟招颭隊伍交雜林林總總前後擁護余心惶惶如在夢中矣十四日到淮安易舟而往河內船艫週圍濟濟而振海將軍之戰船滿兵較之陸路赫赫加倍焉二十二日到杭州在貢院質審上坐者欽差少宰穆旦次鎮杭將軍次兩江督次浙閩督次蘇撫于次浙撫土共六大人問先生曰你是王士元麼先生曰吾本姓朱名慈煥改名王士元是實又問曰你既是朱某朝廷待汝不薄何爲謀反呢曰吾數十年來改易姓名冀以避禍耳今上有三大恩於前朝吾感戴不

忘何嘗謀反又問曰甚麼三大恩曰流賊亂我國家今上誅滅流賊與我家報仇一也凡我先朝子孫從不殺害二也吾家祖宗坟塋今上躬行祭奠命人洒掃三也况吾今七十五歲血氣已衰鬚髮皆白乃不作反於三晉變亂之時而反於清寧無事之日乎且所謂謀反者必占據城池積草屯糧招買軍馬打造盔甲吾曾有一於此乎吾因年荒米貴在山東教書度日居近通衢密邇京師倘敢有謀反之事乎大人曰現有大嵐山叛賊張某口稱保你何得強辨遂帶張賊至時予與先生同在案前問曰你認誰是朱某張熟視曰都不認的又問曰你前供扶助朱某如何今日又說不認的呢張賊曰原是假他名色以鼓動人委實不認識他又問予曰他在你家教書知道他姓朱麼予曰只知他姓張連姓王也不曉的又問曰他在你家將近二年你豈有不知情的從實說來予曰他在我家不過是西賓朋友我曾做過朝廷命官先人受過誥封朋友重乎君父重乎我縱不知輕重也知利害我若知情

豈不藏之深山幽谷而乃令居我家在官道之旁與城市親知飲酒作詩人雖至愚不至於此又問予曰你說飲酒作詩都是甚麼人予曰我們不知情何况別人論東平汶上凡讀書者求他寫斗方扇頭不止一人大人體皇上好生之心亦不肯波及無辜之士况山東至浙江隔二三千里南方之事何從得知今在大人台下如對天顏不敢一字虛僞吩咐臬司曰朱某李某俱不是强盜可將獄神廟收拾潔淨茶飯亦要留心照管委官看守是晚即宿獄廟時有委官二員一靳一陳又有千夫長魯姓者豪爽人也見吾二老人而深敬之朝夕談笑或對楸枰或觀雜優聚飲歡歌忘乎其身在囹圄中也予因有一絕云素患難時行患難人生何事不關天但求方寸無虧處身在囹圄心自安先生詩詞頗多不復記憶甫月餘將東平張氏解到遂提先生與予同至後堂張氏已先在審官仍六位大人問余曰張某供稱朱某在你任上主文你合他深交他只有一面之識是眞麼予曰大人想情凡州縣官

主文者非刑名即錢穀朱某只會作詩下棋我請他主棋文乎主詩文乎彼時皇上親征韃爾靼我又代理平山兩縣軍需晝夜措辦不暇朱某過饒邑次日即行我送贐是實何曾有主文之說二十年前他曾在張某家教學家眷都在張某家我那時纔得認識他張某你今在公堂上要說實話天地鬼神庸可欺乎張某語塞又問先生曰你認得張某麼先生曰他從我讀書數年他是我的學生怎麼不認得他大人遂盛怒將張某嚴刑究訊既而江南解一和尚至和尚者太倉奸僧也素行不端曾鑄假印僞造定王劄符給散愚人煽惑作亂及提先生對證又云不相識似此或可以辨白而無累惟與賊黨葉氏素矢金蘭曾締姻盟事犯江寧緝獲解杭先生於此一案設復辨論未免油沆着手而不能無堅白之磷淄焉傳聞江浙兩大案謂先生與其謀者非也若謂先生平居謹密而非藏頭露尾洩露眞情以招禍端者在先生不能自白人亦未敢爲先生信也迨至部覆命下見判語云朱某雖無謀

反之事未嘗無謀反之心應擬大辟以息亂階細詢李某堅供不知情然在
伊家捉獲且住有年餘說不得不知情合以知情而不出首之例流徙三千
里嗚呼皇恩浩蕩不即刑戮俾龍鍾老夫幸以簽發寗古塔定案矣旨內又
云着枷且多加兵丁沿途防護將朱某帶至京中問明正法時七月十一日
將大嵐山衆犯處決十二日登舟起解從此與先生不獲會面矣十五日到
蘇因尚未發落太倉奸僧又住月餘分羈兩處只口傳先生之音問而已至
中秋二十三日復登舟北行至淮安易騾轎但遙望先生之輀在前里許軍
馬叢集周匝圍繞於來時更加赫厳季秋十七日進都先生送刑獄予在戶
部傳聞皇上念先朝之裔品給二俸送至玉泉山看守伊祖陵傳聞之言固
不切也越數日即將牽連人百餘名分三起充發一寗古塔一齊齊哈爾予
應在發白都訥一起中途備車馬帶二子一僕日日馳驅過山海關歷瀋陽
城出威遠門即條子邊也過此無一居民矣時已初冬月晦朔風吹面寒氣

透衣滿地荒草沙漠無際黃羊山雉羣集古木怪石嵯峨予有關外行一詞茲不具載由船場到新城乃仲冬二十三日白都訥其站名也遂買茅舍以棲止抄聞先生棄市之信由今思之人生斯世順逆窮通離合安危數也命也造化默運不可得而逃也當時與先生初相見時何獨向余言洽意投也冤愆之結已基於此矣迨後張氏之出投予居館而林木池魚之災不又發難於此乎此孰非數與命之一定莫之爲而爲者哉予也年逾古稀身居塞外亦惟義命是安幸延殘喘置身於荒煙蔓草之間遙祝聖壽無疆而已復何望焉謹將遇合之始末株連之情由筆而誌之以見事非偶然云康熙庚寅冬月書於新城之陋室雪窗

按先生家在餘姚有一妻二子三女一媳聞事發捕捉遂一家投繯六命俱盡葉氏兄弟長曰伯玉有女名安璇者佳麗人也生而穎秀幼學能文工旗乃先生之二子婦也年已二八尚未于歸葉氏行刑後家已解京例應分旂

而安慶爲一義氣滿所得安慶恐被汚辱是晚書絕命詞於壁自縊殉命蓬萊公李氏方遺傳記

按莊烈帝七子周皇后生慈烺慈烜慈炯田貴妃生慈炤慈煥悼懷王及皇七子四子均殤當鼎革時惟太子慈烺定王慈炯永王慈炤在耳明史周皇后傳撫太子二王而哭遣之出宮二王即定王永王也而諸王傳於太子慈烺定王慈炯永王慈炤皆以不知所終結之修史者蓋難言之也宏光南渡時王之明之獄南京士夫譁然不平左良玉起兵救護竟誣爲叛逆悉由福王授意當時臣民甚瞭然也永王事在清初發見於嘉定伯周奎家既下刑部有小內官指驗瘢痕抱之而哭左證宛然本無疑義卒亦成爲疑案翻令妄男子得所假託而有康熙十六年柘城縣張縉之案汪鈍翁謂爲玉步既改而欲緩頰措辭於其間不更難乎斯言信矣此傳紀定王事卽世所稱爲朱三太子案者是也流離顛沛忽耕忽讀忽僧卒以衰年棄市與賊盗同科

闔門投繯瓜蔓牽連者百餘人生生世世勿復生帝王家君主結局如是吁可懼已

又按明史定王慈炯悼靈王慈煥此傳定王名慈煥與史異又據傳康熙四十七年爲七十五歲則定王生年當爲崇禎七年以明史崇禎十四年朕弟三子年已十齡之諭推之當生於崇禎五年

又按朱三太子事南中里巷至今猶傳述之余徧蒐當時官私著述略見梗概未能詳也鈔本中夾注康熙某年字樣原稿係旁注爲後來讀者添入此本紙色灰舊即非李氏手鈔亦必清初時人所轉錄李氏二十餘年肝膽舊交又爲案中重要人物邊塞追錄言之獨詳彌可寶貴

又按白都訥卽伯都訥爲今扶餘縣係民國三年改新城而名者然新城之稱尚遠在康熙三十二年築城時始三十三年移吉林副都統駐此以有舊城故名今城爲新城說見何秋濤考訂龍沙紀略吉林通志伯都訥駐防城

舊名訥爾渾亦曰新城據此傳則伯都訥爲姑名是可正通志之疎舛

又按韃爾靼即親征噶爾丹事在康熙丙子（三十五年）春夏間上距乙丑

適十一年（以上考證皆據南匯顧冰一氏說）

吾鄉先正惲日初先生遺集（日初明亡後自署爲遜菴老人即南田之父）明貢士鄒介子傳有足証定王一獄之確實者傳稱辛卯歲有一人自江淮至舉止辟氣甚偉自言皇三子介子逆諸家既去會事洩主者鞫詰皇子獨心識介子即引而前光祿卿惲厥初者有別圃在城北皇子之初過於此信宿厥初不知至是並逮治厥初自以遺老不甘對簿即自引決介子獨就繫江寧云云考日初與厥初同里同族俱爲前明遺老此事度必親見所云辛卯歲自江淮至之語與張先生傳定王供吾年十八九從江而南語尤合蓋辛卯爲淸順治八年定王生十年而遭國變是由鳳陽南下之歲恰僅十八九耳從知定王漫游南中結納殊廣獄發後株連極衆惲氏鄒氏之被累李芳遠雖躬罹慘案

亦有莫諗者焉況此獄瓜蔓抄中又何止數人屢聞吾鄉莊氏清初亦以藏匿皇子幾覆厥宗可知當年即常州一隅緣此並興大獄種種參證伯都訥發見之舊本實信史也

東北諸夷族俗　我界混同江中洲渚（西南距伯力四百里）土名敦敦有薙髮黑斤種人之村屯自此以下若阿吉若普祿若烏洛圖俱蓄髮不薙兩鬢修髯大似日本北海道蝦夷以上四區域各藏銅鑼一器視爲重寶土人云先有貴族婦人以是充奩具稽之前清歲史每有宗女下嫁東海夷㑩之事其或此歟

出國界東北行一千三百餘里至阿吉大山其間沿江岸居者皆稱黑斤亦呼短毛子男女皆薙髮女未字者椎髻嫁則垂辮語類滿人衣服亦悉如滿製喜紫色足著靰鞡（見後）以獸皮或魚皮爲之無

文字削木裂革以記事不知歲閏弦朔問其年以食答抹哈魚（見後）幾次爲對夏捕魚作糧冬捕貂易貨漁用網用鈎所駕漁舟名日幾喇用婦女蕩槳捕貂用藏弩善睇獸蹤尤善以犂犬駕舟長十一二尺寬尺餘雪後則加板於下持篙刺地上下如飛冬時遠出交易亦有至依蘭者

混同江下游之黑斤族以薙髮與不薙髮爲界劃薙髮者自伯力迄阿吉大山止其習俗既如上述此種人在前清餉長歲必至三姓副都統署獻貂自劃隸俄國後俄人常遣希臘教僧蠱以祆言迫令改裝近來世變夥衰已什有九不知幾年隸屬中邦此土之爲戎索矣不薙髮之黑斤種人自阿吉大山順混同江東北行至黑勒爾兩岸居者俗與薙髮黑斤同惟語言互異華人亦呼爲長毛子男垂辮染

濟勒彌人風氣多喜弄熊向亦貢貂於三姓又自黑勒爾以下直至海口共約六百餘里舊爲費雅喀人所居今則合鄂倫春奇勒爾二族統稱濟勒彌人而鄂倫春奇勒爾又各能操本部語與純粹土著之費雅喀人有別但無文字醫藥不知歲時弦朔錢貨廢居則江東諸夷固一致也夏乘小舟每至口外各島江沱海汊冬駕扒犁至索倫河南與諸種人爲物質交换每家畜犬數十既供驅策復衣其皮寒暑一裘不易口外沿海島嶼及江之下游土著滿語亦謂之奇雅喀喇此族及鄂倫春二種人善馭四不像逐獸逾嶺捷如猿猱今此種人大半已入俄國馬隊四不像鄂倫春人呼之曰沃利恩角數歧似麋蹄二歧似牛身長色灰似驢其頭則在牛鹿之間寬額而長喙毛甚豐負重百餘斤此蓋家畜與野獸血統混淆循物競進化之原

理遂成此特別之體狀故其性最馴又善走且不畏不豢惟食石苔石苔固寒帶地方惟一之繁生植物也需用時以木擊樹聞聲即來暇輒縱牧於山林任其所之是種人即古時所謂使鹿部也

濟勒彌人垢穢尤甚門前皆置晾魚木架夏月過之腥惡刺鼻清初與苦夷（即庫頁島上人稱）至阿吉大山上游莫爾氣對岸桑烏林木城中歲受我國服物之賞由三姓副都統署派旗員將事該族名曰穿官亦貢獻所產貂皮等土物據土人言五十年前每年又度海至西山國穿官即以木城所受清官頒物納之該國則遣官至所居海濱賞賚狐水獺白貂諸皮彼此授受俱跪（黑斤濟勒彌人俱呼日本爲西山國至今尚然）亦至三姓城自羅刹來不要我等穿官見土像即毀弄熊輒阻又强令薙髮婦女畏怕尤甚安得中國逐去羅刹言下似不勝慨者余謂濟勒彌人

與日本通使往還諒其時樺太島（即庫頁）尚屬日本爲俄以千島强換以前之事（甲辰年日俄戰後島又半隸日本）故所言渡海者即渡薩哈連海灣而至該島耳

奇雅喀喇地方又有一種人華人通呼其人曰二腰子語言與黑斤濟勒彌又異蓋東夷別種也削木以記事男女均薙髮垂兩辮耳後惟人死用棺木婚姻由家長主持其禮俗頗有華風性更好潔多王姓牛姓自言係中國牛皋王貴之後避亂居此皋貴何人不見歷史疑莫能明也（璦琿城旁近寶姓最多自謂係寶爾東之後亦迄未見記載）此族迷信薩瑪祆教一如黑斤而巫術更神其力士能獨殪熊虎濟勒彌黑斤等種人俱畏其勇冬令出行乘類似扒犁之踏板攜車逐獸如飛顧喜與華人互市性亦相近蓋烏蘇里江右各夷人此爲半開化之民族矣是土制

界於俄數十年獨此族人無與同化者亦不編伍易服

按以上所記邊民風俗多采自十年前或三五年前游客筆記官中文牘皆信而可徵特自前清光緒二十八年俄國烏蘇里鐵道告成（此線係雙城子接東清路交界驛之枝線其幹線竣工尙早四年爲光緒二十四年）自烏蘇里江以東哈克斯肯之曠野可薩克人移植勢如決隄是諸種人日循天演之公理漸即凌夷存者又迫逐遷徙已半入東北沍寒之區域恐再閱數十星霜人種地理學之研究益無依據而吾人要仍以河洮遺族陷沒戎羌志痛不以歷史陳蹟異域記聞爲比也

嗚呼噫嘻

阿美利加洲舊主人印第安種現在蟄居美國西北境密士失必河西岸及落機山左右者尙存二十五萬其人玄髮黑睛高顴平鼻男女皆編髮吾常疑此種人與黑龍江下游魚皮韃子（即濟勒迷黑

斤費雅喀等種之混名）必有血統關繫緣亞洲最東北之白令海峽（俄彼得大帝於西歷一七一九年遣白令克探勘美亞二洲之地頸是否連結返國復命賞以俄幣二十萬即名是峽爲白令海峽）與美領阿拉斯加隔海相望地質學家謂古時大陸本係相連則在科侖布未到美洲以前此類以漁獵爲生之韃子浮海東邁遺種美陸亦事理之可信者今印第安人以川谷異宜民生異俗之故支派分衍多至數十族文明程度亦大有逕庭如邱羅基之五大族則宮室耕稼且有文字儼成一獨立國家（在密士失必河中部土地權屬於五族白人不能購買而可互相通婚娶）試覘其特殊之風俗有可證吾前說者焉印第安人住近寒帶者均乘雪橇善於使犬犬之羈勒駕馭與在吉省同江依蘭各地所見者無不同也又印第安人善操樹皮小舟今魚皮韃子之樺皮輕舠刺篙如飛亦爲捕魚之利器焉印第安人男女鼻端喜懸獸骨或

以金屬品爲飾刻黑龍江下游不雜髮之黑斤猶仍是俗其他如以魚皮爲衣（即郝安人居極寒地者外著重裘以魚皮爲裏衣）門外各樹長竿等特別習慣則兩洲異處而彼此風尚殆有逼眞者是美洲舊主人之紅種淵源於黃種之通古斯族未爲肊測也近人筆記云墨西哥國境地層下曾發現中國銅錢偶象陶器之類因疑吾漢族昔或生殖此土滅亡於他族之見侵蓋未諗今之印第安即往從吾國之邊徼也日本地學家阪本氏嘗列舉亞美二洲大陸相連之證據極多如東三省之虎與美洲產者同種亦其一例是皆足爲前說之助惟著者足跡未到美陸姑懸此論以質諸人種學家

## 物產

混同江漁業　混同江自俄境阿吉大山以下南北多產康達罕（獸皮多取其毳毛服之故暖獨此獸去毛存鞟東人恒用以製衣靴質堅緻而色尤潔白軍人裝束更樂用之）北岸四不像（見前）更多恒滾河產玄狐自江至海產青黃魚骨可充食品屬於兩棲類之海豹海虎尤稱名產其結羣而至類在夏秋與對岸美領阿拉斯加之采捕期一致緣其繁殖地在白令峽以北有暖流足以孳息入夏始避暑而來土人資之恃為重要之天產焉

混同江海口有大魚長一二丈大數圍頭有孔如鯨行如江豚之涉波孔中噴水高一二丈割然有聲黑斤濟勒彌諸族通呼為麻特哈謂此魚奉海神命送魚入江以裕民食者是間土人皆不知歲月特以江蛾為捕魚徵候每於江面花蛾變白時（約五月）麻特哈送烏互路

魚入江及青蛾初起（六月至七月望前）逵西里性魚入江至江面小青蛾再飛起（八月）送答抹哈魚入江皆至特林河口而返其敺魚進口也每三四爲羣各去里許逆流而上掀波噴浪勢甚洶湧而魚則率羣前行若不敢稍止者日可行三四百里俄人於廟爾地方初見魚輙電報伯力三日後則魚至伯利下四百里兩星地方再半日伯利已可得魚無或爽者此三項魚到時黑斤等人於江邊水深數尺處多置木橧横截江流橧長二三丈或四五丈亦有作方罫形獨處沿江一面者名曰悶檳於水平綫下又繫袋網須日乘小舟取之每一悶檳可得數千斤又或以圍網或以撒網一舉亦得數百斤數十斤載回小舟舉家各持小刀臨流割魚分四片貫以柳條支架晾之作鱉冬之旨蓄麻特哈巨魚濟勒彌等人先以爲海神之使者不敢捕取近年

俄人設法競取土人亦從而効之每江中風浪大作輒揚帆持叉俟出水時以叉擲之叉尾繫長繩俟魚力既憊乃牽至江岸仍不敢携入室中恐爲祟也此技以剃髮黑斤爲最工當波浪平靜時亦乘小舟認取魚行水紋拋叉取之百無一失舟不用木而用樺樹皮長丈餘寬約二尺首尾胥窄才容一人其快如風江中魚類如鰟鱣鰋鯉土人多生食之考麻特哈魚即遼金史本紀所載之牛魚本草綱目牛魚生東海其頭似牛淸一統志云牛魚出女直混同江大者長丈餘重三百觔其肉脂相間食之味佳又異物志云南海有牛魚一名引魚重三四百觔狀如鱧無鱗鰭背有斑文腹靑色知海潮蓋南海名引魚引字之義與赫斤人驅逐羣魚說亦相合本草載肉無毒主治六畜疫疾

答抹哈魚產於江中長成於海復回江河而死故有往生來死之諺其壽命祇一年每當暮春江河冰解小魚即乘流氷入海得鹹淡混水長大甚速立秋後輒又不食逆流而上母魚追嚙雄魚之尾俗稱咬巡雄魚此時即有白沫下洩雌魚吸食而孕卵孵散晝夜追接惟江中灘石則泳游不去俗稱巡場漁者於此恒多獲焉魚孵卵至盡輒陷身土穴中自死卵紅色大如豌豆小魚生後明年冰解遂又入海今同江綏遠之赫斤人專以斯魚爲衣食魚肉充飢魚皮染繪作衣故又名魚皮韃子是種人不知歲月以此魚一度爲一歲焉俄人近在混同江下游架棋網數重醃作軍用食品西至我境同江一帶臨流架網重重計自廟爾以上凡分漁區五六十以魚類之繁稀定漁區之價值上等者每區歲繳十餘萬俄元每歲之春俄官以競賣

之手續行之近年日政府奬勵民人北海漁業日人之在此承領漁區者幾逾全數之半故江魚逆流而上處處截取至距海較遠之江流中愈形稀少矣

松花江漁業　松花江產魚頗富三姓上下沿江居民多操漁業鱘鰉最大他則鯉鱒魴鮭多有之牡丹江及江上游之鏡泊湖亦產魚而莫盛於興凱湖與烏蘇里江涵當桃汛漲發時湖魚爭吸新水游泳江中順流而下又貫入旁近之穆稜撓力等河逆流而上時經立秋即見折回沿岸漁戶橫河樹木栅以堵截土名謂檔亮子者皆須領票納稅其魚不可勝計往往盈河皆是至礙舟楫漁戶不甚愛惜有用以飼犬豕者居民又不習罐製之法惟屆凍期有挂氷外運者其數甚微稅收欵額視俄境之大宗收入爲政府專利者情形亦霄壤

焉

松花江上游之漁區則以扶餘一帶爲盛地當江流轉曲兩岸平原河床廣闊沿江柳通悉爲魚族繁滋之所往時屬於烏拉街總管之莊丁采捕鰉魚於此秋時取魚蓄之鮁魚圈中節届大雪輒挂氷送京魚長九尺以上者供清廷仲冬廟祭餘以進御今扶餘漁業猶爲省西天產之主要品焉

頭魚宴　遼史有頭魚宴之制典禮綦重女眞叛遼卽緣此造謀其關繫可知蓋每歲春初江氷尚堅鑿孔取魚最爲肥美魚類逢春輒喜上浮夏小正所謂魚陟負氷是也是時第在氷面鑿成數孔羣魚偶見天光自游集不去投叉取之至便刻居民歲首得魚猶饋遺親朋視同珍饌有頭魚之遺意焉

鱸　松花江名詞最雅可與江蘇之松江（今華亭縣）相埒其奇者松江秀南橋一帶有四腮鱸爲天下所無乃松花江有亦鱸四腮味殊鮮美謂之側鱸魚此物惟見之立春後旬日內故爲陰歷新年之美饌產於法特哈邊門左近

烏拉草　册府元龜五季唐同光二年渤海王大諲譔貢人蔘松子昆布貂鼠皮一褥六髮靴革考關東人蔘之月始見此晋人筆記有言人蔘者皆指當時上黨郡產品今潞安府產之潞黨蔘非東蔘也六髮靴革名甚新奇六係指靴數凡六雙（上云一褥可知接下之六字必計數也）蓋即今烏拉草也草色深碧其細如髮長者有四尺餘吉省各地皆產谿谷岩石中蒙叢下垂入冬不枯性溫暖能禦寒避濕東人常取以鋪臥榻農工等人均以薦履履用方尺牛皮屈曲成之不加緣綴覆及足

背冬夏背着以操作因用此草薦履故即以烏拉名履而俗又書作靰鞡（二字並寓象形之意）東人珍之視爲禦寒之需要品焉

森林　森林滿語窩集（如以義釋之亦可謂樹密爲窩可以居集）亦曰渥集曰烏稽清初吳漢槎詩有大烏稽行小烏稽行是也漢有南北沃沮唐有扶餘勿吉明有渥集部可見森林彌滿自古已然沃沮者象指林中有水而言殆即今之哈湯耳故從水但沃沮扶餘勿吉與烏稽窩集等稱音轉而實同今吉林全省有四十八窩集大者亘千餘里小者亦百數十里蔽日干天人迹罕到分爲長白山小白山兩系其長白山系自山之西麓頭道江二道江延蔓及濛江樺甸間之那爾轟各嶺老林綿亘千里在前清嚴禁採伐頭道江以下採木輒浮松花江而下運售良便故經營者日盛其小白山系在拉林河

上游四合川附近南抵張廣才老爺二嶺東迄敦化之黃花松甸子迤及賓州五常自此而東而北片段連續遠接江省之湯原蘿北又復有大林區焉在沿中東路線俄人以伐供鐵道用木爲名於光緒二十三年後得擅伐木之利漫無制限（詳上卷）兩系產樹如樑松杉松黃花松紫白松香柏松榆楸椵等皆碩大堅緻之材其他雜木尤不可勝數吉省東北兩邊距江河或火車道較遠處古所謂窩集之地尙延亘不斷枝柯糾結翳障天日下則水潦縱橫草葉腐積盛夏草長交通爲絕林中產生一種馬蝱萬千成團大者如螻蟈小者亦如蜜蜂喙長四五分形同烏喙尖銳如利錐追逐騾馬螫吮其血毛片爲紅故馬行經此頭搖耳扇蹄蹴尾拂終日不休亦畏其荼毒也而蚊䖟之多更如烟塵騾馬被螫既甚至憊不能舉其體頃間

蜢蟲叢集成高邱則葬身其內矣人行故必携障面之皮罨僅露兩

目

金　吉省金礦省東南各屬俱有苗線發現然著手淘采者殊鮮自前年將都魯河金廠劃歸江省後刻惟依蘭及密山之興隆溝東甯之萬鹿溝等五處若樺甸之夾皮溝地面金砂采取漸竭盛況已逈不如昔采金之法東省略同曰上大溜者十餘人爲一班就谿築壩別開水溝引之下注用寬二尺長丈八尺之直木槽內鋪細氈覆以鐵眼溜板四板長四尺五寸直槽下又加橫槽長五尺寬二尺亦蓋溜板取砂之法或由鑛丁或由車馬運土上溜溜頭加鍁藉水力冲刷砂去金留每晚淸砂一次有曰上小溜者即西法名密納幹子鑛丁數人用兩節小木槽內鋪細氈以柳條作簾覆諸其上抬砂置槽入

力上溜越二十掐濟溜一次每日如此者凡大七次亦可得金一日搖簸子三五爲羣掊磧取砂近設水坑用小木簸如腰圓形下水淘之亦可得金時至冬寒燒石融冰方可引水用力甚勤所獲亦無幾矣江省漠河奇乾河曾有烏金發見而現在俄領東海濱省臥牛河東南他勒馬蘇地方乃頗產白金平常黃金不外線金砂金二種獨白金鋪滿巖石之上形如鍾乳石奇雅喀喇人每以製耳環晶瑩比於鑽石

鐵　吉省以富於鑛產著稱而獨少鐵鑛現在三十九縣中開發者殆鮮證之前史蓋已如此金世祖本紀生女直舊無鐵鄰國以甲冑鬻者傾貲厚買亦令昆弟族人皆售之得修繕兵甲又世祖嘗加古部鍛工甲九十遂召烏春入寇云云可見其時致鐵之難頗有待此而

興之概更徵之甯古塔記略亦言到戍之初滿洲無鍋爲炊有來售者輙以貂皮平鋪偏鍋始肯相易則淸初時之鐵仍須購自遠方並可想見

金太祖曰賓鐵雖堅終可毀壞惟金不能毀壞因爲國號特未識賓鐵二字何指考今吉省遼代有鐵利縣又金有銀州（今奉天北懿路站左右渤海時名富州）銅山縣（今開原縣境）今亦未聞其地有銀銅鑛產或者遼金郡縣名稱多因移民而更輒類南北朝時之僑置故難盡作據歟

樹冰　吉省居北緯四十二度至四十九度間距寒帶猶遠而氣候已極懍烈嚴冬晨起每見樹頭皚皚潔白荒萁枯蘆亦成瑤草晴曦卓午仍不消融頃測候所名之曰樹冰但非酷寒不遇北史勿吉傳水氣盬生於木皮之上又新唐書黑水靺鞨傳水氣蒸薄盬凝樹顚向

疑潤下作鹽決不能騰空凝結蓋兩史所載均係指此水氣之說良確木鹽云云乃屬附會耳

東珠　東珠生蛤中吉省江河巨流皆產此尤以牡丹江上游爲多甯安濛江等縣並有珍珠河之稱但色多帶紺黛少渾圓中串常現一紋然佳者則光彩晶瑩直遠勝南省之產蛤插立沙內如排牆採者挨次拾取以熱水略炙其殼去肉取珠肉不可食但得珠耳然珠亦或有或不有且小珠居多大而光圓者什中一二耳東俗恒以舊曆中秋節夜月之佳否占產珠之豐歉前清時烏拉總管旗署設有珠子櫃採取者從莊丁中派充有專役名曰珠軒十人或八人爲一排腰繫繩索每當仲秋入河掏摸以備貢品此外無專採者間有屯農於春夏間採之而得珠與否既不可卜且所遺蛤肉必須隨時燬埋

若爲珠子櫃旗人所見則指爲私採不堪其擾故多引爲戒懼焉現在吉林市肆售珠多來自松花江上游間有在江省湯原縣唐旺河獲取者

常熟徐蘭字芬若康熙丙子從征準夷由遼左回師著有塞上六歌其採珠序云嶺南北海產珠皆不及東珠之色如淡金者品貴八旗舊有採珠人以木插中流長繩繫腰入水取蚌急則振繩挈之起得珠重八分以上者充貢次歸其主罪人免死發烏拉爲奴者爲之

## 葠

葠性熱一莖高數寸其上平分數莖一莖五葉形如掌佳者多至六莖間有一二莖之苗劇出至美之根者是必原根（俗謂蘆頭）曾受摧傷久而側生一苗者也土俗名採葠爲放山又稱挖棒槌緣淸制禁采諱言葠字然耳當道咸以前限禁甚嚴承采者例由吉省領票仍必

以挑官蓡爲名嗣後弛禁改徵蓡稅始任人採挖矣放山者分三期舊歷四五月爲放芽草因百草甫生蓡芽萌茁便尋認也六七月爲放黑草時則叢草濃綠最費辨認八九月爲放紅頭因蓡苗頂心結子淺紅易識認也及蓡籽落後又曰放刷帚頭畢事下山曰輟棍當進山時有把頭者領數人至山四望森林不見天日而把頭則視某山樹頭獨新秀浮綠者以行至則又驗其草木枝葉堅茂者即曰有山蓋非此土性不克生長蓡苗其占候察驗純出乎心得也時即斜樹皮爲屋稱曰窩棚把頭令其夥排列各間一丈執一棍名索羅木棍以棍將草左右撥撥挨步注視嘗見蓡苗即大聲相呼各人齊至詳細搜覓緣有苗必不止一處偶有孤苗挺生者千百中什一耳挖蓡時量蓡草之大小四週輒刈草成圈而後向內刨挖一面起土一

面用骨簪撥辨草莖恐妨蓡之根鬚也挖出之蓡雜以青苔裹以松樹皮俗呼曰棒椎甬子背負下山製售亦有下山後移植蓡營者名曰移山蓡堅壯者亦爲佳品

蓡營俗名棒椎營乃種蓡區也所産名秧子蓡蓡營成立已歷有年所道咸前亦在禁例往往官役帶兵濟溝用火焚燬徵稅後已無此患矣其種植時先於森林中擇一土性相宜處刊木起土尺許攪之極細闊五尺長三丈爲一畦預將蓡籽窖地一年名爲發籽子次年將籽漫撒畦中覆以土灰出苗後三四年至秋九十月又移植他畦鋤畦成隴排列揷時復用七尺五寸高之板棚蓋其上往時多有用布者今鮮矣每年擇春秋二季揭板向陽三五次並當連綿細雨時放雨一二次皆有程期過則倒爛又三四年白露節後方起蓡製造

名爲做貨做時先將鮮蓡用沸水煮之半熟再以小毛刷將其浮皮洗淨用白綫小弓將蓡紋中塵土刷盡而後用氷糖熬清汁將蓡浸灌一二日上鍋蒸熟再上火盤烤乾亦有不煮水不灌糖而生刷生蒸者名曰麗蓡（即假高麗蓡之粗製法）蓡營歷年栽植次第製售栽蓡一畦俗稱一架棚山民業此者甚多種蓡中洋蓡高麗蓡之別辨析甚微而山蓡與種蓡價格相去懸絕大抵視根有多節叢蘆之上有細粒如珠及質堅紋細者始爲山產每年輸運出口爲吉林天產品之大宗據營口稅關報告各種蓡枝輸出重量歲約三十萬斤而未經納稅私攜外運者其數當亦稱是

石砮　肅愼氏貢矢爲今吉省與中原交通最古之記念其矢或曰楛木或曰石砮柳邊紀略云楛木長三四寸色黑或黃或微白有文理

非鐵非石可以削鐵而每破于石居人多得之虎兒哈河此楛木之說也池北偶談云吳漢槎以順治十五年流甯古塔至康熙辛酉歸京師出一石砮其狀如石作紺碧色言出混同江中乃松脂入水年久所結即所謂肅愼之矢此又石砮之說也楛木石砮是一是二已不可知今松花江下游産生一種黃石其色透明土人稱爲薑石殊可愛玩然用作箭材疑無是理

唐時扶餘國貢火玉及松風石皆吉林舊産也又松花江向産松花石可當硯質今則此等實物皆不可得豈地質有變易耶

蘆管　金時樂器有腰鼓蘆管琵琶方響箏笙箜篌大鼓拍板之類今諸樂中蘆笙間有見者琵琶箜篌俱已失傳而吉林接壤之蒙古郭爾羅斯公前旂地內尙有琵琶其製較關內常用者爲大又瞽者賫

卜街頭每吹短笛其聲嗚嗚與關內之音調迥異詎玉關羌笛流傳至此歟復見瞽者吹一圓物以胡蘆製成有孔可按韻殊淒切考其製似塤然非土質其爲蘆管無疑迴視中原古樂全渺禮失求野此其一也

鹿

吉省山獸以鹿爲名產高山森林中隨處皆產性馴而怯牡鹿之角杈枒如枯株長及其體量之半舊歷冬至節候新角挺生舊角乃脫時頂之兩角形如覆匏是名鹿茸鹿於此際愛護其頂更逾平時逮及初夏新角已長成雙歧形如鬘髻斯時血液充滿最爲佳品獵者用機阱或用炸餌（以炸藥裹入香餌之中野獸吞食將顎飛裂如用鎗擊鹿欲彈跳躍角茸多碰撞崩裂）乃並頂骨削落溫水微煮令茸之液質凝固方可出售若家畜之鹿每歲鋸售品質殊遜即宰殺之並砍頂骨其效用亦較獵自山中者遠

甚鹿之筋肉俱中食品性最溫補牝鹿則獵捕期在新春其腹胎爲藥用之貴品（假者多屬麅胎）尾尤肥美居山獸八珍之一吉省東邊又產馬鹿大如驢馬疑即麋也毛色黃灰而無白點其角茸並充藥品較花鹿價廉倍蓰考鹿性游牝並不別羣與他獸交尾便易其種如麅如麈（即四不像說見前）上述之馬鹿等皆屬此原理而嬗變者云

虎

虎喜居荒山叢薄中便跳踉也吉人多諱言之樵采者直稱之曰山神晝伏夜動獵者每於冬間伺雪中迹以爲掩捕緣虎前行及返必尋舊路獵者輒於路張機其法橫繫一銅綫一端曳於引滿之機關弓架入銃機虎觸彈發恰中其前胸虎既負傷輒奔越按血跡追尋恒倒斃在數里外

熊

黑熊吉省到處皆有力大性憨目甚小不肉食胸腹有白毛者性更兇見人常追逐膽能療目疾掌可充膳於食品中居山獸八珍之一而能烹製者並多獵於冬令以入冬熊無所得食蟄伏樹孔中山民覓得其蟄巢即攻殺之熊有馬駝狗駝兩種馬駝重千觔高幾四尺五寸恒與虎豹角勝獵者畏之狗駝高二尺餘重亦止五六百觔二種均喙長眼小睫毛下垂極厚瞭視時頻以掌撩掠故東人俗稱黑瞎子力能拔樹亦能升樹每端坐樹杈用前掌攀折樹枝以於股下欠身復折時前折者輒墮移時樹枝滿地仍向樹杪狂折有時顛越墜地則矗立怪號酷類人笑聲山中大雪後即不食攢穴自藏俗謂之墩倉樹窟者曰天倉巖洞者曰地倉蟄居無所事事日惟舐掌一若可以療飢者或疑其以舌舐以牙嚙將蓄銳也牝熊生犢必兩

輙一日數移其穴意恐獵者偵而窘之最足令人發噱者則爲携子過河與盜黍二事熊將過河不論深淺不使子熊先涉必覓大石壓如前即又返而提携當覓石時務取其重大者往往壓斃熊揭石見子屍復趨彼岸被壓亦如前母熊輙大號奔去狼之黠者每伺以果腹又村落傍山者玉蜀黍成熟時熊每入禾叢人立而掌掠之且掠且挾於肘肘甚直每挾一黍旋落地由壠之此端以達彼端肘中終止一黍餘均棄墮然其蹂躪禾稼亦實甚獵者每從守望樓中發鎗射之命中與否必奔來將樓推倒始逸如槍擊須迎其面因其聞槍輙掉頭回奔如在熊後擊之則適立其回奔之線路鮮不被傷者其性悍即彈貫胸腹猶能拾泥草自塞傷處狂奔數里乃臥斃焉

麝

麝東人呼爲獐足高毛粗形如初生之駒從前無有獵取者飼高

麗人來此就叢莽間隙地架一長繩中繫繩圈麝穿隙過則頸乃套入焉大抵野獸屬何種類輙有一定之行徑且往還多出一轍故與過必不能免繫牡麝之臍成圓椎形割下大僅如桃價值亦遠不如山西五臺及蜀滇產然近今山民效高麗人弋獵所獲殊多亦爲吉省出口藥材之一

馬市　明永樂後開原撫順廣甯俱設馬市緣馬爲滿洲東北部特產明季東事既起馬市遂廢滿洲之馬羣亦空清帝既有天下牧廠移設察哈爾蒙地松花江流域遂不以產馬名今惟扶餘縣境尚有馬羣其地外界郭爾羅斯蒙旗牧馬千百成羣雖婦人童子皆能制馭純以耳馬子爲嚮導耳馬子者馬羣中之長也衆馬咸依之每值日斜將歸馬皆四散馭者持長竿竿頭繫網網有繩牽之於手但遥揮

其竿繩得耳馬子收繩以歸則衆馬皆歸無離羣他逸者如飲馬河流萬頭攢列進退行止恍經教練亦塞外之奇觀焉

貂

貂皮爲吉林特產毛根色青者曰青鞟三姓以東毛根略紫曰紫鞟高麗奉天產者毛根灰白爲草鞟以紫鞟爲上蓋氣候愈寒毛愈純澤故良品多產三姓以東不獨貂皮爲然也捕貂者用釘碓法於森林中築一碓房四方釘碓四股每股長周三十里釘碓約三百盤四股之碓共千餘盤二人守碓房日各巡視其碓式或就倒木或伐大木爲之左右釘木橧用滾棒支架之俟貂鼠路過倒木機關脫落則木槓下壓而斃矣以舊歷寒露節爲支碓期謂之推橋頁至霜降後捕貂最多之時謂之打響草以貂好捕灰鼠其時落葉滿地貂行有聲恐驚灰鼠每跳身倒木而行也貂在森林追捕灰鼠往往游行

各山無定居齧草時亦爲過貂期因林中松子已實灰鼠奔走覓食松子貂則隨之故捕者又視山中松子之有無以占産貂之繁歉捕貂而兼捕灰鼠焉至大雪節則收拾老碓因雪地無聲貂不登碓且冰凍碓亦凝滯不靈耳至是乃另組獵貂法時森林中夜多降雪貂晝眠夜出挨搜樹孔以捕鼠天明即伏樹孔內捕者恒於清晨負一背兜內盛斧鑿火具硫磺線風扇等物於雪中踏驗夜間貂踪驗有入跡而無出跡者先以樹枝杜塞入孔再用爛木屑爲火具取硫磺線燃之生烟以扇揚煙入竅已乃以土和雪將口嚴掩使貂悶斃再取之出近時業此者多用網兜並畜獵犬聞嗅定巢較捷易矣

山野業　吉省山林之利大較分爲四種俗稱木營菜營采蔘定碓是也砍木業始盛於中東沿綫今長白山西系之樺甸濛江一帶踵起

代與漸成省中木業之中點綴沿松花江直下便於流木故也棻營範圍至廣種葠之戶既植藝連畦外如黃耆白芍等藥品並列畝而栽其利甚溥而野生之藥種類繁多吉省名產亦有十餘山中又廣植木耳春夏伐榆柞倒地經年逮其腐爛木耳徧生掇取良便凡此皆爲棻營之副業焉至采葠定碓者則蹤跡無定深山窮谷間悉有其人所之斫樹作路徑之標識（東人有路在樹上之誌）夜或露處爇火自衛以防猛獸直可稱爲林木中人然各山鳥道四通仍有頭目各自統轄名曰溝大爺山溝之口亦見農畝或設小肆藉憩過客數溝又公推一人名總爺聽其號令唯謹有事傳遞木牌不刊寫一字而立可召集溝人獲咎可公議而懲處之名曰溝規